마음놀이 생각놀이 함께하기

강명순 편저

업 싸이클링 힐링 아트 함께하기

학지사

맑은 마음 깊은 생각 생명이야기

강명순(세계빈곤퇴치회 이사)

2012년 6월부터 사단법인 세계빈곤퇴치회 이사장으로 취임하면서 자살공화국으로 자살률 세계 1위의 뼈 아픈 기록 가운데, 새로운 시작을 하자고 다짐하며 시작된 생명사랑 생명나눔 생명존중 운동의 이름은 '생명사다리'였다. 생명사다리를 이어 가면서 손을 내밀어 우울증과 생활고, 빈곤으로 상처받은 아동과 청소년을 만나 대화하고 회복을 위해 기도하며 노력하였다.

제주 감귤을 먹으면서 아름다운 귤 껍질을 쓰레기통에 버려야 하는 미안함과 시원한 감귤 맛이 어우러져서 감히 껍질을 버리지 못하고 쟁반에 둔 채 잊어버렸다가 다시 생각나서 봤을 때 예쁘게 마른 껍질의 속삭임을 듣게 되었다. "나를 다시 태어나게 해서 행복하게 해 주세요." 그래서 예쁜 하트 속에 귤 껍질을 담아서 힘겨워 우는 바나나 껍질을 사랑하는 내용의 첫 작품을 만들었다. 세계빈곤퇴치회 나비갤러리에 전시된 그 작품을 보고 많은 분이 감동을 받고, 쓰레기의 마지막 생명력으로 치유되었으며, 힘을 얻었다고 하시면서 나에게 이 작업을 계속하도록 격려하였다.

그런데 서울의 어느 지역아동센터를 방문하고 온 분이 나에게 충격적인 이야기를 전해 주었다. 한 아이가 "나는 쓰레기예요. 우리 엄마가 나 보고 쓸데없는 쓰레기 같은 놈이라고 했어요."라고 하였다는 것이다. "아니야, 너는 귀한 하나님의 아들이란다."라며 위로하였지만 "쟤는 쓰레기 맞아요."라고 옆에서 친구들이 거들었다고 하였다. 그래서 그 지역아동센터를 방문하여 Up Cycling Healing Art를 해야겠다고 생각하면서 과일 껍질, 조개껍질을 씻어서 말리고 모으기 시작했다.

더욱 충격적인 것은 2013년 여름, 신문에서 읽은 중학교 청소년들이 학교에서 제일 듣기 싫은 말이 교사들이 쓰레기같다고 하면서 쓰레기 취급을 하는 말이라는 기사였다. 정신이 번쩍 났다. 또한 2012년에 청소년 139명이 가정불화와 빈곤(40.3%), 우울증(16.5%)과 성적비관(11.5%) 때문에 자살을 하였다고 보도되었다(연합뉴스, 2013. 8. 20.). 더구나 2012년 교육부의 발표에 의하면 우울증 징후나 폭력성향이 나타나 지속적인 상담이 필요한 초·중·고생이 105만 4,447명으로 전체 아동·청소년의 16.3%(관심군)에 해당되고, 그중 자살 고위험군도 9만 7,000명이고, 2차 검사에서 불안, 우울, 주의력결핍 과잉행동장애(ADHD)가 있어서 집중 사례관리가 필요한 경우도 22만 3,989명(주의군)으로 나타났다. 특히 초등학생 중에도 46만 6,560명 (16.6%)이 관심군이고, 5만 898명(2.4%)이 주의군이라고 발표하였다.

나는 국회의원 임기가 끝난 2012년 6월부터 아이들을 살려 내지 못한 깊은 우울증으로 힘겨워하였다. 그때 쓰레기를 가지고 외손주들과 놀면서 작품을 만드는 동안 쓰레기가 나를 살렸고, 다시 치유되어 도움이 필요한 우리나라 아이들을 살려야겠다고 다짐하였다. 더욱 열심히 운동화 끈을 바짝 조여 매고 부산, 광주, 대전, 대구 등 전국을 찾아가서 지역아동센터의 아이들과 선생님들을 만났으며, 이런 만남으로 인해 행복하였다.

지역아동센터 아동·청소년들은 처음에는 "쓰레기예요? 이거 가지고 뭘 만들어요?"라고 하다가 막상 작품을 만들기 시작하면 몰입하여 어른들도 흉내 낼 수 없는 창의적이고 상상력이 풍부한 예술 작품을 만들었고, 내가 혼자 정성껏 준비한 재료로 만든 작품보다 선생님들이 아동들을 생각하며 열심히 함께 준비한 재료로 더욱 생명력과 치유력이 높은 작품을 만들었다. 그래서 자존감이 높아지고 서로서로 칭찬하고 기뻐하며 아동들의 드러나지 않은 잠재 능력과 가능성에 희망을 걸 수 있게 되었다. 청소년도 선생님들도 공동작품을 만들면서 화합하고 사랑을 확인하며 행복해했고, "지금까지 희생하며 힘들게 살았는데 오늘 나의 마음속 깊은 곳에 숨은 생각이 나타나 힘든 시간들이 멋지게 힐링되었다."라는 분도 있었다. "쓰레기가 보물이고 친구예요."라며 아이들도 변했다.

그리고 나에게 적극적으로 요청했다. "'Up Cycling Healing Art 마음놀이 생각놀이 함께하기'를 위해 작품 재료를 준비하는 방법, 만드는 방법을 알려 주는 책을 만들어 주세요." "우리를 따로 교육해 주시고 전국에 퍼져 우리 아이들을 살리게 해 주세요." 심지어 "아이들이 이렇게 재미있어 하니 초등학교 정규 과정에 넣어야 해요!" "학회 만들면 저도 넣어 주세요, 매뉴얼 만들면 보내 주세요." 등 국내는 물론 해외에서도 그동안 배포한 작품자료집인 생명사다리 책을 보고 감동을 전하며 요청했다. 아동들과 선생님들의 작품을 정리하고 나의 작품도 부록에 수록하였으니 이 책이 민들레 홀씨처럼 퍼져 나가 생명존중 생명사랑 생명나눔 생명사다리를 통해 생명을 살리는 기적이 이 땅에 가득해지기를 간절히 온 마음 모아 기도한다. 이 책이 만들어지기까지 수고하고 지원한 모든 분께 감사드리며 함께한 모든 분을 축복한다. 빈곤아동, 결식아동이 한 명도 없는 나라를 2020년까지 이루는 '빈나 2020'을 이룰 때까지 빠삐용!

2016. 4.
강명순

차 례

제1부

마음놀이 생각놀이
Up Cycling Healing Art
이론

제1장

Up Cycling Healing Art 정의와 이해

- Up Cycling Healing Art가
왜 마음놀이 생각놀이인가요?

강명순, 2014.

1. Up Cycling Healing Art는 빈곤아동, 청소년, 청년부터 할머니 까지 자신의 문제상황과 현재 마음상태를 30분 만에 쉽게 놀며 표현한다.

갯벌에서 친구들과 사이좋게 놀고 있는 친구들. 하지만 그중에 딱 한명의 꽃게는 놀고 있지 않았다. 친구가 없어서 가만히 있는 것 같다. 밤이 되자 꽃게가 울고 달에다가 소원을 빌었다. 제발 친구가 생기게 해 주세요.

(초5)

나는 엄마 아빠한테 혼나서 울고있는 그림을 그림 정말 속상한 다.

나는 엄마 아빠한테 혼나서 울고 있는 그림을 그렸다. 정말 속상했다.

(초5, 남자)

전쟁터

명확이을 괴로피는 친구는 텡크로 죽여 버리고 꽃을 내가 좋아하는 친구 에게 선물 하겠다. 꽃게 텡크 도 없다.

(초2, 남자)

짬뽕   현(22세, 남자)

아, 춥다. 초겨울인데
너무 춥다.
아, 배고프다. 따뜻한 짬뽕
한 그릇 생각나네.
따뜻해지고 싶다.
아, 춥다. 아, 춥다.

2. Up Cycling Healing Art는 아동의 상상력을 길러 주고 새로운 가치를 가지고 마음과 생각이 풍요해지는 놀이다.

커피길 공원(초5, 천은진)

느낀점; 아무리 쓰레기라도 작품이 될수있다는것을 알았고, 쓰레기는 무작정 버리지 말자는것도 알았다.
그리고 바나나껍질, 사과껍질, 메론 껍질, 동백꽃를 말려서도 작품 만들 수있다는것을 알았다.
처음에는 쓰레기가 작품이 되냐고 했길래 쓰레기로 만든고해서 허기실었는데, 막상 완성하니깐 예뻐서

천국에서 하나님이 내려다 보는것

김채유(초6)

쓰레기로 작품을 만드니깐 재미있었고
쓰레기로 작품 준비물이 돼서 신기했고
직접 만들어 보면 계속 상상이 떠오른다
쓰레기로 작품을 만드는 것 누구나 한다
3살짜리 아기도 했다고 해서 놀라웠다
나의 작품은 천국에 있는 하나님이
떠올라서 작품을 만들었다
정말 재밋고 즐거우니 꼭 해보세요

마음으로 보는 꽃

신준(초5)

나는 조개류 껍데기나 육수아 등로 꽃을 만들었다.
겉으로 보면 보잘것없는 못생긴 것이지만
마음으로 보면 예쁜 꽃이 될수있다.
이것과 같이 사람의 외모 등으로 차별하지 말자
다시한번 마음으로 사람을 보면 외모는 죽지않아도
아름다가 그곳 좋은 생각는 만날수 있을것이다.
이 큰 세상을 눈으로 보지말고 마음으로 한번 보자니가
그러면 세상은 아름답고 좋은 세상으로 보일것이다.
이세계에 사랑과 친절을 마음으로 보자

3. Up Cycling Healing Art는 고통당하는 이웃을 위로하는 마음과 다른 사람의 고통을 희망으로 전환시키는 힘이 아동들 작품에서 표현된다.

ADHD 주의 집중력 장애 아동이 70% 이상되어 늘 시장 통처럼 시끄러웠던 지역아동센터에서 조개로 세월호 침몰 희생자들을 생각하면서 작품을 만들었다.

아이들은 숨소리가 들리지 않을 정도로 집중하였고 세월호 형과 누나들을 조개들과 홍합들이 빨리 가서 구출하고 왔으면 좋겠다고 하고, 세월호 형 누나들이 내 작품을 보고 하늘나라에서 행복하게 살았으면 좋겠다고 하였다. 어른들이 상상할 수 없는 깊고 넓은 위로와 희망의 물결을 전하는 아동들의 작품을 대하면서 센터장은 조용하게 집중하는 아동들의 또 다른 가능성을 발견하고 기뻐했다.

세월호 침몰(초3, 장유재)

나는 세월호 침몰에 대하여 만들었다.
세월호를 만든 이유는 세월호 형, 누나들이 빨리 세월호 배 안에서 나오길 바래서 이다.
나는 세월호를 만들면서 기분이 좋았다.

세월호 형, 누나들 !!!
하늘나라에서 같이놀고 다치지 말아요

하트(초2, 임유진)

이 작품은 그냥 하트가 아니라
세월호 언니, 오빠들에게 희망의 물결 소리를 듣게 해주려고 만들었다.
세월호 언니, 오빠가 잘 살고 하늘에서 잘 지냈음 좋겠다.
나는 조개,홍합으로 만드니깐 재미있었다. 또 하고 싶다.

4. Up Cycling Healing Art는 자신감을 길러 주고 자신의 의 견을 당당하게 말하는 힘을 길러 주는 생각놀이다.

작품명: 예측불가의땅

작품설명: 벽에 예측불가의 내가 가를 아침 2시 근을 말아 보면 있는 시계와 그밑으로 매운에 언어 따듯로 따라다는 작품과...

어떤 사람이
잘못하더라도
열심히 하면
예측 불가하여
멋진 사람이 될 수 있다

미움 없는 나라
초2 이예은

설명: 사랑합시다? 여러분
이웃을 사랑하고 부모님을 사랑하고
나라를 사랑한다 마음다툼이 없는
나라가 될 수 있도록 힘차게 외칩니당

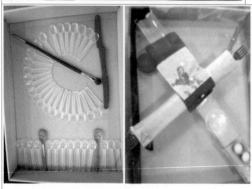

미래의 숟가락 로봇　　미래의 연필

강명훈 목사님
감사합니다.
오늘 처음으로 업싸이클링을
해서 너~무 재있어
요. 매일 업싸이클링
을 했으니 정말
좋았을 거예요
이예은 올림

5. Up Cycling Healing Art는 함께 만들며 소통함으로써 공동체 정신이 함양되어 지역복지력을 구축하고, 연대, 협력, 더불어 함께하는 마음이 생기며 생각과 삶이 변화되고 성숙해지는 놀이다.

* Up Cycling Healing Art 활동을 하고 난 뒤 아동·청소년의 생각 나눔 속에 나타난 생명사랑 다짐과 변화 내용

	7개 지역아동센터 아동·청소년(인천, 포항, 안산, 부산 등) 52명의 다짐
생명 존중	조그만 물건도 쓸모없는 물건도 소중히 여기고 나중에는 내 물건도 다 빌린 것이니 소중히 모든 것을 다뤄야겠다는 생각을 했다.
	나도 이제 쓰레기라 해도 가치와 생명을 불어넣을 것이다.
	환경을 위해 함부로 쓰레기를 버리지 않고 모든 것을 소중히 여겨야겠다.
	이제 쓰레기 함부로 버리지 않고 쓰레기도 소중히 여겨야겠다.
	쓰레기를 아껴 쓰고 모든 물건을 소중히 다루며 조개껍질도 모아야겠다.(7명)
	버려지는 쓰레기가 이렇게 멋진 모습으로 태어나 뿌듯하다.
인식 전환	먹다 남은 음식을 모으고 가꾸면 아름다운 것이 된다.
	쓰레기를 재활용하겠다. 더 좋은 걸 만들고 싶다.
	쓰레기를 재활용하자. 또 여러 가지를 만들고 싶다.
	나는 쓰레기 같은 것들을 재활용하겠다.
	쓰레기도 소중한 친구다.
	쓰레기는 쓰레기가 아니라 보물이다.
	쓰레기도 작품이 될 수 있다는 소중함을 알게 되었다.
생각 의 변화	쓰레기를 단순히 버릴 것이 아닌 새로운 용도로 보고 그동안 가진 선입견과 편견을 다시 생각하겠다.
	쓰레기도 쓸모가 있다는 것을 알게 되었다.
	쓰레기도 잘 쓰면 가치가 있다는 것을 알게 되었다.

7개 지역아동센터 아동·청소년(인천, 포항, 안산, 부산 등) 52명의 다짐	
자원 절약	쓰레기를 함부로 버리지 않고 재활용해야겠다.(5명)
	쓰레기를 적게 버리자. 쓰레기를 적게 버려야 한다.
	물건을 아껴 써야겠다. 나는 다음부터 물건을 아껴 쓰겠다.
	쓰레기를 막 버리지 않겠다. 아끼겠다.
인식 전환	밥 못 먹는 어려운 친구들을 도와주자.(1명)
	나도 지금부터 다른 사람을 많이 도와주어야겠다. 쓰레기를 많이 버리지 않고 친구들도 많이 도와줄 것이다. (2명) 다른 사람들을 도와주며 살고 싶다.
	조개껍질을 모을 거다. 쓰레기를 안 버리고 만들 거다.
	물건으로 모양과 마을을 만드니 재미있다.
	쓰레기를 예쁜 작품으로 다시 만들고 싶다. 앞으로 신기한 조개를 만들 것이다.(2명)
충전	멋지게 살게요.(1명)
자신감	**나도 예술품이란 자신감을 가져야겠다.** 씩씩하게 살겠다. 용기가 생길 것 같다.

최경주재단 장학생 46명: 빈곤 중학생·고등학생·대학생	
생명 존중	하찮은 것이라도 무시하지 않고 또한 곁에 있을 때 소중히 해야겠다.
	작은 생명도 소중히 여겨야겠다. 생명의 소중함을 항상 명심하자.
	모든 것을 소중하게 생각하기. 모든 사람 물건을 소중히 생각해야겠다.
	아끼면서 소중하게 생각하겠다. 모든 것을 소중하게 여기자.
	보잘 것 없는 것도 소중히 여기자. 사소한 것, 작은 것 하나하나 소중히 하자.

	최경주재단 장학생 46명: 빈곤 중학생·고등학생·대학생
인식 전환	아무리 내가 못나도 '쓰레기'도 재활용돼서 탈바꿈되는 이 세상 속에서 내가 할 수 있는 것은 존재한다.
	3살 아이가 만든 작품을 보면서 나도 할 수 있다고 느꼈다. 앞으로 더욱 열심히 해야겠다고 다짐한다.
	어떤 사람도 그냥 버려지는 사람으로 태어난 사람이 없다. 혹시라도 그렇게 생각하는 사람이 있다면 그 생각을 바꿔 주고 싶고, 그럴 것이다.
	쓰레기들의 가치들을 알았다. 열심히 꿈을 위해서 준비하고 이루어서 이웃에게 손을 내미는 사람이 될 것이다.
	항상 새롭고 다른 관점에서 보는 것이 중요하다는 것을 다시 한 번 느꼈다.
	항상 넓게 바라보고 하찮은 것들이라도 주의 깊게 봐야겠다.
자원 절약	쓰레기도 바로 버리지 말고 다시 한 번 써 보자, 쓰레기를 버리지 말자.
	쓰레기를 줄이고 아껴야겠다. 쓰레기도 아껴야겠다.
	세상에 버릴 건 없다, 세상에 버릴 거 없어요.
비전 제시	어린이들의 착한마음 굿(good), 아이들의 마음처럼 그 마음을 닮아야겠다.
	아이들의 순수한 동심이 다치지 않게 지켜 주는 참 어른이 되어야겠다.
	나도 쓰레기가 세상에 존재하지 않도록 할 수 있는 사람이 되고 싶다.
	나는 선한 영향력을 전파하는 전도자다.
	같이 있으면 기분이 좋아지고 나도 무엇이든 할 수 있다는 생각, 의욕이 생기게끔 하는 사람이 되고 싶다.
	아무리 쓸모없는 쓰레기라 할지라도 그게 한사람에게 희망이 되고 즐거움이 되는 것처럼 사람들에게 희망과 즐거움을 주는 사람이 되겠다.
	열심히 꿈을 위해서 준비하고 이루어서 이웃에게 손을 내미는 사람이 될 것이다.
	나의 꿈을 소중히 생각하고 이루자.
	물건도 나도 활용해 보고 싶다.

최경주재단 장학생 46명: 빈곤 중학생·고등학생·대학생	
깨달음	훌륭한 인생을 살아오신 목사님의 삶과 들려주신 말씀을 통해 깊은 진리의 깨달음을 얻었다.
충전	열심히 해야겠다. 열심히 살게요. 화이팅. 좋다
창의력 향상	쓰레기도 다른 눈으로 볼 수 있다. 시각적 차이, 매사에 새로운 시각을 갖자.
	창의력을 키울 수 있었다. 1년, 2년 해가 거듭날수록 나는 점점 현실을 직시하게 되어 창의력이 떨어진다고 생각한다. 이 점을 개선할 방법은 이것이지 않을까?
반성	무심코 버린 쓰레기에 대해 반성하게 됐다.
감사	쓰레기로도 새로운 생명을 얻을 수 있다는 교훈을 전해 주기 위한 목사님의 노력이 멋지다.
	좋은 말씀 감사하다.

초2, 나재준, 대구 누리글터 지역아동센터, 2014.

6. Up Cycling Healing Art는 우울증과 자살을 시도하는 8세 이상의 아동과 청소년 부모들이 자살 충동을 억제하고 쓰레기가 예술품이 되듯이 생명을 소중하게 여기며 새로운 삶을 살게 하는 변화의 에너지가 생성되는 놀이다.

초등학교 2학년인
8세 여자 아동이
아빠의 차별 양육으로
자살하고 싶다고 했는데
빠삐용 상담실에서
Up Cycling Healing Art를 여러 차례
참여하며 놀이를 하고는
죽고 싶다는 말을 하지 않고
새로운 삶을 시작하게 됨.

자살 시도를 했던 26세 여교사가
학교 퇴근 후 늦은 저녁시간에 Up Cycling Healing Art를 세계빈곤퇴치회 사무실에서 2시간 동안 함께 만듦. 가운데 바지락조개 껍질은 선생님 자신이고 그 주위에 작은 조개는 제자들이며 구기자 빨간 알갱이같이 뜨거운 사랑하면서 함께 꽃피우며 만들어 가는 아름다운 꿈과 세상을 만들자고 하였음.
'자살'을 거꾸로 하면 '살자'이고 26을 거꾸로 하면 62이니
강명순 목사님하고 친구해서 앞으로 자살하지 않고 열심히 살겠다고 다짐했음.

강명순이 만든
이 두 작품을
나비갤러리에서
엄마가 먼저 보고 울면서
자신의 딸이 날마다
죽고 싶다고 한다며
도움을 요청하여,
함께 만나 업 싸이클링
작품을 만들고 난 후에
여고 2년생과 엄마인
40대 중반 공무원이
감동받아서
자살하고 싶다는 충동과
시도를 중지하게 됨.

몸이 뚱뚱하여 20대 후반에
자살을 시도하였으나 업싸
이클링 힐링 아트 워크숍에
참여하여 다른 분들의 작품
을 보고 자신감을 가지고 다
시 새로운 삶을 시작하겠다
는 다짐의 작품을 만듦.
다이어트 닥터가 되어
새로운 삶을 살아 가게 됨.

제2장

마음놀이 생각놀이
Up Cycling Healing Art 이론적 배경

박시현, 초3, 대구 성남지역아동센터.

아동 · 청소년의 문제를 해결하기 위한 사회복지 통합적인 접근방안으로
Up Cycling Healing Art 이론을 다음과 같이 재정립하였다.

문제	적용 이론	대안 제시	
절망, 분노, 외로움 열등감, 왕따, 폭력, 부정적 에너지, 자살, 생명경시 풍조	아들러이론과 치료	버려진 쓰레기가 예술품으로 재창조되는 영성 회복 및 자아존중감 역량강화	사회 복지 통합적 접근 Up Cycling Healing Art 이론
빈곤문제, 성적 및 성공지상주의, 황금 만능 주의, 외모 지상주의에서 낙오자로 취급된 쓰레기들의 패자부활전	강점 이론, 임파워먼트 이론	쓰레기의 강점 찾아 생명과 가치 부여 생명사랑 생명존중 인식전환	
주의 집중력 장애(ADHD), 분노 폭발, 감정조절 충동조절 부재	예술기법, 글쓰기, 마주 이야기, 스토리텔링	쓰레기의 치유력과 집중력 창의력, 상상력 소통능력 증가 비용 자유	
가족해체 상황, 가족에 의한 학대 방임 유기, 빈곤의 악순환, 빈곤의 대물림	생태 구조적 가족치료 해결중심 단기가족치료 헬리콥터 이론	Hear & Now 지금 여기부터 오늘 새로 시작	
자원고갈, 공동체성 파괴, 문화와 기회 결핍, 사회윤리 파괴	생태체계 이론, 지역복지력 구축	폐자원 재활용 사회적 자본 형성 지역 공동체 회복	

1. 사회복지실천의 통합적 접근을 통한 Up Cycling Healing Art 이론

생태체계관점에서 빈곤가족일 경우에는 아폰테의 생태 구조적인 가족치료기법으로, 문제해결을 위한 과정에서는 단기해결중심 치료방법으로, 또 저자가 1970년대 이미 교육공학이론을 학습하면서 체득한 체계이론(System Approach)과 예술기법을 통하여 아들러의 이론처럼 빈곤 때문에 형성된 열등감이 창조적인 에너지로 전환되어 가고 있는 과정을 통합하였다.

사회복지 통합적 접근은 4체계모델, 단일화모델, 문제해결과정모델, 생활모델을 통합한 것이다. 인간과 사회 환경, 자원체계와의 상호작용을 통해 사람들과의 문제해결 능력을 강화하고 사람과 자원체계 빈곤상황과 지원하는 모든 체계와 결합하고, 각 체계를 효과적으로 활용하여 생태체계의 개선과 헬리콥터 이론을 확대하여 Up Cycling Healing Art 이론을 정립하였다.

이론을 정립하게 된 배경을 설명하면 다음과 같다.

1975년부터 빈곤아동 빈민 여성과 함께 사당3동 판자촌에 살면서 빈곤문제를 해결하는 빈곤퇴치와 성폭력 피해 아동을 위한 치유이론 강습을 받았고, 단기 해결 중심 가족치료와 MBTI 지도자과정을 이수하고, 부성래 박사님의 지도 아래 지역복지력 구축 세미나를 지속하면서 사회복지학 박사학위를 받았다. 그러면서 빈곤지역에서 적용했던 기독교교육 이론, 임파워먼트 이론, 강점 이론, 아들러이론, 생태체계 이론, 예술치료요법, 해결중심적단기가족치료 등을 적용하여 실천하였다.

그 이후 찾아가는 사례관리 이론을 부스러기사랑나눔회 동료들과 함께 개발하면서 모든 이론을 통합하였고, 2008년 2월 『찾아가는 사례관리』 책을 출간하면서 빈곤아동과 가족을 위해 실천해 왔던 것을 바탕으로 저자가 개발한 헬리콥터 이론을 적용하여 빈곤퇴치를 하고 자살예방 생명존중을 위한 Up Cycling Healing Art에 활용하게 되었다.

헬리콥터 이론의 핵심은 특별히 아무런 강점도 없고 빈곤한 부모들이 제공하는 빈약한 양육 환경 속에서 성장하면서 절망하며 힘들어하는 아동 청소년들이 지금 여기 오늘 새로 시작할 수 있도록 하는 방안을 모색한 것이다.

따라서 지역사회 안에 있는 사회적 자본(Social Capital)을 발굴하고 지역복지력 이론을 확대 적용하여 공동체 안에서 아동 청소년들에게 건강한 생태환경을 만들어 나가는 노력을 하였다.

이러한 이론들을 통합하여 아동들을 위해 실천하는 가운데 18대 국회의원 재임 기간부터 우리나라의 자살이 시급한 현안임을 알게 되었고 국회의원 임기가 끝난 2012년에도 통계청에 따르면 2011년 자살자 수가 15,906명이었고 인터넷이나 언론에 영·유아가 살해되거나 동반자살이라는 이름으로 부모에 의해 죽임을 당하는 등 2012년 영아 유기 사건에 대한 경찰청 통계가 132건이라는 충격적인 보도를 접하게 되었다. 이는 2009년 52건에 비해 2.5배 증가한 것이다.

또한 청소년 자살자 수도 증가하여 아동·청소년의 19.5%가 자살 충동을 느꼈고 그중 18.5%가 빈곤이 자살 충동 이유라고 발표되었다. 그리하여 세계빈곤퇴치회 빠삐용 상담실을 통해서 자살충동 혹은 자살시도자와 많은 상담을 하게 되었고 생명을 살리는 생명존중 생명사다리 범국민 운동을 세계빈곤퇴치회에서 시작하였다.

생명사다리 운동을 하면서 우울증환자와 자살시도자들을 지속적으로 상담하다가 본인도 우울증이 심하게 왔는데 Up Cycling Healing Art인 쓰레기를 재활용하면서 작품을 만들다가 우울증이 치유되었고 많은 자살 시도자들이 자살을 하지 않겠다는 다짐을 듣게 되면서 저자도 새로운 시작을 하게 되었다.

이에 아동·청소년의 자살을 예방하고 영·유아 시기부터 생명을 존중하게 하는 교육과 마음놀이 생각놀이를 재미있게 함께 놀면서 하게 되었고 3~8세 외손자 5명과 지역아동센터, 교회학교 아동들에게 적용하여 아동의 창의력과 집중력, 상상력과 자존감을 높이는 Up Cycling Healing Art로 심화·발전되었다.

아들러이론과 치료, 강점이론, 임파워먼트이론, 예술요법, 생태구조적 가족치료, 해결중심 단기가족치료, 헬리콥터이론, 생태체계 이론, 지역복지력 구축이론을 통합하여 사회복지통합적 접근을 이루었다. 이는 Up Cycling Healing Art 활동을 통해 마음과 생각이 넓고 깊어지고 창의력, 상상력, 자존감 등이 향상되는 과정을 2년 동안 지켜보면서 다양한 이론을 실천하며 빈곤 아동과 가족들과 함께 살아왔던 40년의 삶과 사회복지 실천을 바탕으로 **Up Cycling Healing Art** 이론을 확대하고 재정립하게 되었다.

2. 부정적이고 빈곤한 문제(절망, 분노, 외로움, 열등감, 왕따, 폭력, 자살, 생명경시)가 가득한 상황이 긍정적인 에너지로 전환될 수 있다는 아들러의 이론을 바탕으로 쓰레기를 재창조하며 예술작품을 만들면서 생명가치를 부여하는 풍요로운 영성으로 생명의 소중한 가치를 알고 아껴 써야겠다고 인식을 전환하게 되는 재미있고 즐거운 삶을 유지하는 힘을 주는 마음놀이 생각놀이로서의 Up Cycling Healing Art

당연히 버려야 하는 쓰레기, 즉 이미 죽은 상태의 쓸모없는 것들이 3세의 아이들부터 89세의 어른에 이르기까지 새로운 생각을 하게 만든다. 활동 후 조개껍질이 우리들의 생명과 같은 것이라 버리지 말고 아껴 써야겠다고 생각하면서 직접 조개껍질을 가지고 만들어 보니 재미있고 참 즐거웠고 또 했으면 좋겠다고 초등학교 5학년 남자 아동이 정리를 했다.

2014년 6월 20일에서 7월 11일까지 6회 워크숍에 참여하여 업 싸이클링 작품을 만든 후 102명이 작성한 평가 설문에서 '쓰레기도 가치와 생명을 불어 넣어 주면서 어루만져 주면 멋진 예술품이 되는 것을 알게 되었다.'고 95%가 답하였다.

아들러(Altred Adler)이론

아들러의 인간 이해는 빈곤 아동·청소년의 행동수정이나 변화를 위해서 절망하지 않고 지속적으로 아동·청소년을 이해하고 그들을 둘러싼 환경을 개선하여 변화에 이르도록 하는 데 중요한 근거가 되었다. 특별히 열등감이나 무기력감에 쌓인 아동·청소년들에게 스스로 변화할 수 있다는 것은 그 이론 자체가 용기이고 희망이 될 수 있기 때문이다.

아들러는 어린 시절에 가족상황이나 지역사회생활에 의해서 정신건강이 달라지므로 다른 사람들이 표현하는 배려가 인생의 사회적인 과업을 달성하는 데 중요한 영향을 미친다고 보았다.

또한 환경의 과도한 압력으로 개인이 가지는 열등감이나 부적절한 감정

(inadequacy)이나 불안정감(insecurity)을 느끼는데 열등감에 대항해서 투쟁하거나 열등감의 기회를 계기로 삼아 열등의식(inferiorrity complex)을 발달시켜서 일탈된 것에서도 긍정적인 요소를 발견하거나 나타내 보이도록 노력하여 열등감을 극복할 수 있다고 주장하였다.[1]

> **3.** 강점 이론, 임파워먼트(Empowerment) 이론을 바탕으로 발전시켜 쓰레기의 강점을 찾아내어 예술작품을 만들면서 자연스럽게 생명과 가치를 부여하게 되고 쓰레기의 강점을 찾아 작품을 만들다 보면 자연스럽게 사람과의 관계에서도 강점을 찾아내게 되는 훈련이 가능한 Up Cycling Healing Art

못 쓰게 되어 쓰레기통으로 버리게 되는 많은 상자들이 종이 쓰레기 더미에 놓여 있다가 저자의 눈에 띄어 상자를 발견하고 끄집어 내어 세계빈곤퇴치회 사무실에 모아 두면 많은 아동·청소년들이 상자를 예술작품으로 만들기 위해 재활용하게 된다.

사람들의 눈에 전혀 띄지 않는 상자의 뒷면이나 아래쪽에 상표가 없어서 각종 마른 쓰레기나 조개껍질 등 작품재료를 목공 본드로 붙였을 때 상표가 인쇄되지 않은 뒷면이나 바닥이 더 작품의 예술적인 생명력을 돋보이도록 만들어 주어 유용하게 재활용된다.

비록 현실 상업주의 관점에서는 상표를 인쇄하지 못하고 눈길을 끌지 못하는 무용지물인 박스 아래쪽이 Up Cycling Healing Art 활동에서는 더욱 귀하게 쓰임 받는다.

이런 관점에서 빈곤문제, 성적 및 성공지상주의, 황금만능주의, 외모지상주의에서 쓰레기들의 패자부활전이 이루어지고, Up Cycling Healing Art 활동이 계속되면 역량강화(Empowerment)가 되어 자신감이 생기고 삶의 용기를 가지게 된다.

---

1 러셀에이 돌프만, 임상사회사업연구회 역(1993). 아들러의 이론과 치료법 임상사회사업 기술론, 홍익제, pp101-141.

임파워먼트(Empowerment) 이론

임파워먼트 개입과정은 임상실제에서 3단계 -대화, 발견, 발달- 를 갖게 된다(Miley 등, 1995:81-471). 1단계는 대화(Dialogue) 단계로 사회복지사가 참여자의 현재 상황, 주요 욕구, 강점을 대화를 통해 알아 가는 단계다. 이 단계에서 사회복지사는 협력적인 파트너십 관계를 형성해야 하며, 관계의 목적을 명확히 해야 한다. 대화단계가 이루어지면 그 결과를 공유하고(sharing) 2단계인 발견(Discovery) 단계에서는 보유하고 있는 자원에 대한 정확한 사정을 통하여 강점을 찾고(searching), 바람직한 결과를 나타내기 위한 계획을 작성해야 한다. 또한 이 단계에서 강점과 해결방안이 구체화되어야 3단계인 발달(Development) 단계에서의 구체적인 개입활동이 나타날 수 있다. 개입과정에서 강화하기(strengthening)가 이루어진다.[2]

라파포트(Rappaport)는 '임파워먼트'를 다음과 같이 정의하고 있다. 임파워먼트는 자신의 삶을 스스로 결정하는 능력뿐만 아니라 마을 공동체의 삶에 민주적으로 참여함을 의미한다. 민주적 참여는 흔히 학교, 이웃, 교회, 시민단체, 등을 통해서 이루어진다. 임파워먼트는 개인이 자기에 대한 통제력, 결정권, 심리적 감지력뿐만 아니라 실제로 사회적 영향력과 정치적 권력과 법적 권리에 대한 관심도 포괄한다. 그것은 개개인뿐만 아니라 사회조직과 이웃에게도 적용하는 다차원의 구조물이다. 개인과 그 개인이 속한 공동체의 관계, 개인과 그 개인이 처한 환경의 관계, 개인과 자아 외적인 것 사이의 관계가 본질적으로 어떤 것인지가 드러나게 된다.[3]

Susan P. Kemp도 라파포트와 같은 관점을 가진 구티에리쯔(Gutiérrez)와 프레이리(Freire)의 임파워먼트 이론을 소개하고 있다(Susan P. Kemp et al., 1997: 51-87). 임파워먼트 과정에서 가장 중요한 사항은 사람과 그들의 환경과 사이의 관계를 비판적으로 분석하는 일, 세계 속에서 자신의 위치를 보는 관점을 바꾸는 일, 개인과 단체의 능력을 개발하고 신장하는 일, 그리고 억압적인 사회환경 조건을 바꾸려고 행동을 취하는 일이다(Gutiérrez & Lewis, 미출간; Freire 1970; Parson 1991).

---

2 Miley, O'Melia & DuBois(1995). *Generalist Social Work Practice: An Empowering Approach*, pp81-90. Boston, MA. Pearson.

3 Rappaport J.(1987). Terms of empowerment/exemplars of prevention: Toward a theory for community psychology. *American Journal of Community Psychology 15*(2), pp121-130.

임파워먼트 복지는 구티에리쯔(1990)가 말했듯이 개인의 변화(즉, 미시복지)와 사회/환경의 개혁(거시복지) 사이를 잇는 중요한 다리의 역할을 한다. 임파워먼트는 개인 차원의 높은 자긍심, 자신감 넘치는 긍지, 자기 힘으로 환경을 변화시킬 수 있다는 자신감을 넘어서 나아간다(Breton, 1994; Freire 1973; Riger, 1993).

문화적으로 능력 있는 실천에도 그대로 조화되는 임파워먼트 관점의 많은 측면들 중에 두 가지 사항이 특별히 눈부시다. 사회정의를 세우기 위한 노력과 다른 점을 인정하고, 평가해 주며, 다양성 위에 구축하려는 노력이 그것이다. 이 두 가지 관점에서 환경에 대한 관심은 가장 중요하다(Susan P. Kemp 등 1997: 60).

부스러기사랑나눔회에서도 이러한 임파워먼트 이론을 바탕으로 지역사회복지사제도를 만들어 지역사회 내에 빈곤가족을 찾아가서 임파워먼트하였다. 2002년 1월부터 프로젝트 사업으로 2003년 12월까지 '빈곤지역 지역아동센터를 이용하는 빈곤해체가정 아동 지지와 가족 Empowerment를 위한 지역사회복지사 사업'을 실시하였다. 또한 사단법인 세계빈곤퇴치회에서는 찾아가기 함께하기 아동관리 기법을 개발하여 임파워먼트 과정과 비교하여 분석하였다.

임파워먼트 과정–문제해결 과정–지역사회복지사 찾아가는 사례관리 과정 비교[4]/찾아가기 함께하기 과정 비교표(Miley O'melia & Dubios, 1995: 89-90)

문제해결과정	임파워먼트 과정		지역사회복지사 찾아가는 사례관리 과정	찾아가기 함께하기 과정
	단계	내용		
-	대화단계	협력을 위한 준비하기	초대하기	**마음 문열기**
관여		파트너십 형성하기	동반자관계 맺기	**함께 손잡기**
문제확인		도전 명확화 하기 강점 확인하기 목표 정의하기	참여자 상황 함께 보기	**아픔 같이 나누기**
사정	발견단계	자원 체계 탐색하기	참여자 강점·자원 발견하기	**속에 숨은 가능성 (강점) 찾기**
분석		자원 활용 가능성 분석하기		
목표설정, 계획		해결방법 구축하기	목표 세우기	**소원 만들기**
실행	발달단계	자원 활용하기 기회 확대하기	더불어 함께 서기	**소원 함께 이루기**
평가		성공 인식하기	참여자 뒤로 물러서기	**함께 행복하기**
종결		성과 통합하기	지지적 관계 유지하기	**스스로 다시 서기**
				한결같이 친구하기
			사례관리자 자기관리	**지치지 않고 회복하기**
			사례관리 관련 양식 제공	**도움 받기**

---

4   Miley O'Melia & DuBois(1995), 'Generalist Social Work Practice: An Empowering Approach', 89-90.
    부스러기사랑나눔회 지역사회복지사 엮음(2005). 찾아가는 사례관리 매뉴얼. 부스러기사랑나눔회,
    p43.

4. 예술요법, 글쓰기, 마주 이야기하기, 스토리텔링 기법을 활용하여 Up Cycling Healing Art 활동을 하면서 만들어진 작품을 설명하는 글이나 시(詩)를 쓰도록 하거나 자신의 생각을 함께 친구들과 나누는 시간을 가지도록 한다. 서로 대화를 마주 보고 나누면서 작품은 재해석되고 더욱 의미가 부여된다. 그 과정에서 삶이 변화되는 디딤돌 전환점을 제시하게 된다.

이 과정에서 주의 집중력 장애(ADHD), 분노 폭발, 감정조절 충동조절이 부재한 빈곤 아동 청소년이나, 우울증환자, 자살 충동자들은 쓰레기의 치유력이 증가하여 회복이 되고 심리정서적인 안정을 되찾게 된다.

소통과 사회성이 증진되어 상처가 치유됨

예강이가 6세 때 어린이집에 다니다가 친구가 왕따를 시키며 팔을 깨물고, 어린이집 교사의 부적절한 대응으로 어린이집이 무서워서 다니지 않겠다고 울어서 1년 동안 어린이집에 가는 것을 중단하였다.

그러나 할머니, 동생, 이종 사촌들과 업 싸이클링 작품을 만들면서 내재되어 있는 예술성, 창의성이 개발되어 왜소한 몸집으로 인한 열등감과 따돌림 당함을 극복하고 자존감이 회복되었다. 현재는 새로 학기 중에 취원한 유치원에서 하루 만에 잘 적응하였고, 사회, 국가, 우주선, 축구, 대가족 등을 생각하는, 일반적인 7세 아동의 생각보다 폭이 훨씬 넓고 깊은 아동으로 성장하고 있다.

우리 식구

할머니가 생수병 뚜껑 화장품 뚜껑 우유병 뚜껑 온갖 뚜껑과
고무찰흙 마른 것을 져서 우리 식구 하은이랑 만들었어요.
나 하은이 엄마 아빠 이모 이모부 온이 정현이 현규 형아
국회 할머니 외할아버지 친할아버지 친할머니
왕할머니도 다같이 한 집에서 살면 좋겠어요.
예수님도 햇님도 과자, 초콜릿, 바람, TV, 망치, 라면, 나무도
모두 우리 식구예요.

이예강(7세, 2014)

　　나아가서 할머니가 만들어 놓고도 무엇을 만들었는지 잘 모를 때에는 "할머
니 ○○같아요!"라고 작품을 해석해 주고 소통하면서 많은 칭찬을 받았고, 상
처가 치유되어 밝고 자신감이 넘치는 사랑 많고 다방면에 관심이 많은 아동으
로 성장하고 있다.
　　최근에는 바깥 놀이터에서 나뭇가지를 주워 와서 "할머니 작품재료 가져왔
다."고 하기도 하고 결혼식장 피로연 자리 테이블에서 스스로 병뚜껑을 가져오
거나 작은 빈 상자를 작품 재료로 모으기도 한다. 양변기 뚜껑도 우주선을 만들
고 싶다고 부모에게 버리지 못하게 하였다.

저자는 항상 마음놀이 생각놀이 작품을 만들면 자신의 작품에 대한 해설이나 시(詩)를, 작품을 만든 직후나 하루 이틀이 지나 완전히 하얀 목공 본드가 말라서 투명하게 되었을 때 또 다른 느낌이 나므로 자기가 만든 작품을 바라보고 명상하고 작품과 마주 앉아 이야기를 나누게 하면 더 좋은 시상이 떠오르므로 그 과정에서 참여자들의 마음이 넓어지고 생각이 깊고 높아지는 것을 깨닫게 되었다. 그래서 저자나 아동들이 더욱 새 힘을 얻게 된다.

특히 글을 모르는 아동들은 엄마에게 설명하게 하여 받아 적는 식의 마주 앉아 이야기하는 방식을 택하여 활동해 본 결과 엄마나 교사들이 아동들의 창의성에 크게 감탄하기도 하였다.

심리 정서 안정과 집중력 강화

ADHD가 70%인 정서불안 아동과 청소년이 집중력을 회복하고 심리적으로 안정되어 세월호 희생자와 가족을 위로하는 작품을 만들고 글을 썼다. 이것들을 모아 **희망의 씨앗**이라는 책을 만들어서 배포하자 많은 우울증 어른들도 감동을 받아 심리적으로 안정되었다고 하였다. 가정이 해체되고 빈곤하여 힘든 관심 병사와 우울한 여군들까지도 이 『생명사다리6 희망의 씨앗 책』을 읽고 감동을 받고 위로가 되었다고 한다.

예술요법(Art Therapy)

MBTI 성격유형검사를 빈곤 아동들에게 실시해 보면 'F'성향이 높아서 감성적이고 비논리적이며 융통성이 없어서 자기 마음대로 하며 규칙을 지키거나 틀에 맞추어서 계획하거나 논리적이고 체계적으로 행동수정을 잘 하지 못한다. 아동들에게 합리적으로 설득하고 판단하여 변화를 가져오고 행동이 수정되기를 기다리는 것은 참으로 무모하였다. 그래서 예술요법을 적용하였더니 아동들에게 논리적인 접근법보다 큰 효과가 있었다. 특히 아동들의 상황을 조그만 쪽지에 쓰기 시작해서 점점 큰 종이에 가득 메우면서 자신의 이야기를 만들어 가는 스토리텔링이나, 글쓰기를 Up Cycling Healing Art에 결합시켜 작품에 시

(詩)나 짧은 글로 자신의 마음과 생각을 나타내게 하였다. 한글을 쓰지 못하는 영유아는 대화 형식의 마주 앉아 이야기를 하면서 엄마나 할머니가 그대로 받아 적는 기법으로 정리하여 영유아의 마음을 이해할 수 있었다.

이 예술요법은 20세기 중반에 이르러 유럽이나 미국 등지에서 환자들의 임상적인 진단과 치료에 활발하게 응용되기 시작하였다. 그러면서 정신의학계에서는 광의의 작업요법의 일종으로 또 지지요법이나 집단요법의 보조적인 치료 방법의 하나로 환자와 치료자 간에 일어나는 치료적인 감정유대를 강화해 주는 예술요법이 관심의 초점이 되었다.

예술요법의 기본구조는, 첫째, 예술작품은 만드는 이의 심리상태가 반영되므로 환자의 심적 상태의 진단에 이용되며, 둘째, 환자가 예술작품을 제작하는 표현 활동에 참여함으로써 무의식적으로 억압되어 있던 소망이나[5] 갈등, 좌절감 등을 해소하는 카타르시스를 경험하게 되어 치료에 도움을 주며, 셋째, 예술작품을 감상함으로써 정서가 순화되고 감상에 대한 느낌을 상호 교환하여 치료에 도움이 된다는 것이다. 스스로의 표현행위인 작품을 통해 스스로의 심리적 갈등의 소재를 모색하는 가운데 정화되고 스스로 통찰하며 자기치료와 자기치유능력을 개발해 나가는 것이다.[6]

> **5.** 생태 구조적 가족치료, 해결중심 단기 가족치료, 저자가 개발한 헬리콥터 이론을 바탕으로 Hear & Now 지금 여기부터 오늘 새로 시작하도록 돕게 된다. 그리하여 Up Cycling Healing Art는 가족해체 상황, 가족에 의한 학대, 방임, 유기의 상처가 극복되고 빈곤의 악순환과 빈곤의 대물림을 끊어 내는 원동력을 제시한다.

압록강을 두 번 건너다 발각되어 포기하였다가 다시 세 번째 도전하여 가족들과 함께 탈북한 12세 소년이 Up Cycling Healing Art에 참여하였다.
얼굴에는 어두운 그림자가 가득하였고 왕따 당한 친구나 다문화가정의 친구와는 달리 6.25와 같은 전쟁은 하지 말고 싸우지 말아야 한다고 대안을 제시하

---

5 주원(1985). "예술요법의 이론적 배경". 임상예술 제1권. 임상예술연구회, p75.
6 德田 良仁(1988). "예술요법의 현재와 그 의의". 임상예술 제4권. 임상예술연구회, p62.

였다. 나아가서 왕따와 가정 폭력의 고통에서 벗어 나기 위한 작품 활동을 통해 자신의 문제를 표출하고 해결방안을 제시하였다.

남한과 북한이 싸우는 6 · 25 전쟁, 싸움은 안 된다.

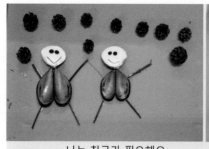

나는 친구가 필요해요

다시 시작하자

짓밟히고 갈라지고
깨지고 찢어지고
오그라 들어가는
몸과 마음이지만
그래도 우리 다시
시작하자. 함께
힘 모으면 멋진
새날이 오리라
믿으니까

강명순(2013)

5.1 생태 구조적 가족치료법

우리들이 만나는 빈곤가족들은 누구나 가지고 있는 개인적인 문제와 가족문제 및 만성적인 사회문제와 경제문제에 의해 약화된 개인적, 가족적, 지역사회 공동체적(생태 체계적) 구조의 복합적인 문제들을 함께 가지고 있다.

핸드폰과 TV의 공격적인 만화, 게임 등에 노출된 아동은 감정조절, 충동조절 능력이 떨어진다. 자신의 삶을 통제하고 삶의 방향을 결정해 나가도록 하는 내적인 잠재력을 발견하게 하면 그들의 상처를 치유하는 것이 가능하다.

아폰테는 빈곤상황을 영혼의 결핍과 문화와 가치의 상실, 미조직화, 생태 구조적 체계의 파괴라고 본다. 영혼의 결핍은 절망과 자기비하, 분노의 문화로 특징지을 수 있는 새로운 빈곤에 대한 관점이며, 미조직화된 가족으로써 일관성이 부족하여 신뢰할 수 없고, 응집성이 없어서 내적으로 조화를 이루며 성공하지 못하고, 융통성이 충분하게 발달되지 못하여 문제가 생긴다고 본다.

또한 자신들의 개인적인 삶을 책임지고 지역사회의 지지안정망을 스스로 발달시킬 수 있는 능력이 부족한 가족들에게 심각한 영향을 미치므로 이를 해결하기 위해서는 영성 치료와 가치 그리고 문화적인 방법으로 동시에 접근하여야 한다고 보았다.[7]

5.2 단기해결중심 가족치료

단기해결중심 가족치료의 방법은 빈곤해체가족을 치료하고 변화시키는 데 아주 유익한 방법으로 절망적인 빈곤 상황과, 왕따나 집단따돌림으로 이어지는 학교와 사회에서의 낙인감과 도무지 변화를 기대하기 힘든 부모님의 파괴된 삶 속에서도 미래의 희망을 반복적으로 이야기함으로써 과거와 현재의 고통을 이길 수 있는 중요한 원동력을 제시한다.

주로 사용한 기법은 척도질문 기법과 기적질문 기법, 54321기법, 여기-저기 기법, 미래로부터 날아온 편지, 치유의 편지 기법 등[8] 희망의 불을 켜고 현재보다 미래에 대한 자신들의 꿈과 희망을 말하도록 하는 다양한 기법이다.

이러한 이론의 적용을 통하여 빈곤 아동·청소년들은 자신의 과거문제나 집착, 가족의 역기능 경험에서 벗어나 미래에 대한 희망과 자신감을 가지고 삶을 힘차게 영위하는 변화를 가져오게 된다.

5.3 빈곤아동 가족의 빈곤 문제 상황 해결을 위한 헬리콥터 이론[9] - Up Cycling Healing Art 이론의 중심

빈곤아동과 가족은 아주 오랫동안 고착된 빈곤 문제의 영향권 안에 있다. 거대한 빈곤의 구조적인 악순환과 부익부 빈익빈의 양극화, 빈곤이 대물림되는 역사적인 불평등의 구조 아래에서 빈곤아동, 가족들의 상처와 고통이 짓누르는 힘과 미래지향적인 삶을 살지 못하도록 발목을 부여잡는 열등감과 적대감, 분노와 공포, 정신장애와 대인관계 기술의 미흡함과 사회부적응, 가정 폭력과 집단따돌림, 성학대와 방임 그리고 빈곤한 영적·정신적 상황과 경제적으로

---

7 Harry J. Aponte, 엄예선 외 공역(1995), 빵과 영혼, 빈곤 가족을 위한 생태 구조적 가족치료 모델. pp27-48. 서울: 하나의학사.

8 Evzone M. Dolan, 단기가족치료센터 한국지부 역(1999). 성폭력 생존자를 위한 해결중심치료의 적용.해결중심단기가족치료 워크숍 자료집. pp23-36 .

9 강명순(2008), 빈곤아동, 가족과 함께하는 찾아가는 사례관리. pp30-33. 학지사.

재기할 수 없는 죽음과 같은 빈곤상황의 늪이나 수렁 속에 우리 빈곤아동과 가족들이 놓여 있는 셈이다.

이 속에서 빈곤아동은 폭발하고, 부수고, 훔치고, 방황하고, 포기하고, 좌절하며 빈곤가족 또한 술과 폭력과 절망에 자신들의 미래를 걸고 죽지 못해 살아가고 있는 것이다.

정해진 시간과 장소에서 이동하고 이륙, 착륙을 하며 활주로가 있어야 반드시 착륙하는 과거의 경험과 역사, 과거와 관련된 상황이 현재를 규정하고 현재에 영향력을 미치는 상담기법이나 사회복지 실천방법은 절망과 패배, 잘못과 시행착오, 경쟁대열에서의 반복된 낙오자의 상처를 더욱 아프게 한다. 과거에 의해 현재 행동이 분석되어 빈곤상황은 미래에 제공되는 기회조차 제공받지 못한다. 더구나 시간 약속을 지켜 약속된 장소에서 상담을 하고 상담의 결과는 보고되어 실적 중심적이고 시설 중심적이며 사업보고 중심적인 사회복지 행정을 만든다.

그러나 헬리콥터 방식의 가족접근과 지역사회복지 통합적인 접근방식은 시간과 공간이동이 자유롭다. 그리고 과거와 미래는 없다. 날마다 오늘 여기 나의 능력 안에서 시작한다. 헬리콥터를 날아 오르게 하는 양력(바람), 즉 사회복지사의 바람의 양력은 도움의 손길일 뿐 목적지를 향해 헬리콥터를 운전하고 날아가는 사람은 빈곤아동과 가족이다. 그들의 참여와 협력을 통해 자기 스스로의 미래를 결정하고 개척한다.

헬리콥터가 이륙하고 착륙한 자리는 지역사회다. 이륙하고 착륙한 사막이나 바다나 들판이나 산꼭대기는 헬리콥터가 지나간 자리일지라도 그대로 유지된다. 지역사회의 체계는 일시적인 바람으로 들판의 풀들이 흔들리지만 잡초들의 생명력은 그대로 그 지역사회체계 안에 유지된다. 이러한 영향력을 미치며 지역사회 안의 빈곤상황 안에서 더불어 세워 나가는(Empowering) 역할을 사회복지사가 하는 것이다.

그러나 활주로에는 생명이 자라지 않는다. 다른 목적으로 쓰이지 못한다. 공항은 공항이라는 시설, 체계로 유지되어야 한다. 이러한 지역사회는 변화를 싫어하고 오직 자신을 유지하기 위해 청소하고 가꾸고 고친다. 남에게 보여 주기 위해서 실적관리를 중요하게 여기며 존재하는 기존의 사례관리 체계다.

빈곤아동과 가족을 위한 헬리콥터이론

헬리콥터	지역사회복지 적용	기존의 이론과 비교	
헬리콥터 이륙지점(산, 들, 바다, 사막 등)	빈곤아동 가족의 삶의 자리(빈곤상황에서 출발)	활주로와 공항 필요함	과거의 경험중시 시설중심, 병리적
헬리콥터 조종사	빈곤아동과 가족 중심	비행기 조종사	사회복지사, 시설장 중심
헬리콥터 본체	빈곤아동과 가족의 집	보잉707	효율성 효과성의 관점 크고 좋은가 중심
헬리콥터 프로펠러	찾아가는 지역사회복지사	비행기 엔진	자본, 자본의 논리, 상업적 복지
헬리콥터가 솟아오르기 위한 양력(바람)	지역사회복지사와 빈곤아동의 협력과 참여	연료	사회복지사의 수혜자에 대한 대상화 지시적 일방적 관점
헬리콥터가 날아감(접근성, 기동성)	지역사회 가운데 세움(Empowerment)	비행(비행기를 탄 승객의 동의 구해야 합리성, 문제해결시점 지연됨)	소비자로 다시 수혜를 지속적으로 받는 의존자
목적지에 착륙(산, 들, 바다, 사막 어디나 착륙함)	빈곤아동과 가족의 자리에서 꿈을 이루고 행복한 오늘과 내일의 주인으로 자활함	공항 활주로를 통한 착륙	시설에 찾아와서 과거와 연결된 활주로 같은 통로를 통해 고착됨(집착, 갈등유지)
시간과 공간 이동이 자유롭다.	과거와 미래는 없다. 날마다 오늘 여기 나의 능력 안에서 시작한다.	정해진 시간과 장소에서 이동	시간제약, 실적중심 과거에 의해 현재 행동분석, 빈곤으로 미래는 없다.

6. 지역복지력 구축 이론, 생태체계 이론을 바탕으로 자원고갈, 공동체성 파괴, 문화, 기회 결핍, 사회윤리가 파괴된 오늘날 우리 사회를 회복하기 위해 폐자원을 재활용하여 생명과 가치와 의미를 부여하고 쓰레기 취급하는 이미 버려진 자원과 인정받지 못하는 잠재 능력 등을 사회적 자본으로 활성화하여 지역사회 안에서 복지지원망을 형성하였다. 또한 Up Cycling Healing Art는 지역사회 안에 돌봄이 필요한 모든 이들이 생명사랑 생명나눔 생명사다리 지지체계를 통해 회복하도록 하는 실천 과정을 이론화하였다.

6.1 지역복지력 구축 이론[10]

부성래 박사에 의하면 지역복지력이라고 하는 것은 기본적으로 개인이 가지고 있는 힘, 개인적인 자원을 높이기 위한 바람직한 자질과 잠재능력을 포함한다. 생물적·신체적인 능력, 회복력, 지적능력, 재능, 감성, 가치관, 희망, 자존심, 좋은 상태로 변화에 대한 동기, 인내, 용기, 인생경험, 사회적·직업적 지능 등이다. 이것은 잠재적으로 개인이 가지고 있는 것이지만 아동과 가족, 이웃, 교육, 경제, 고용, 의료보건 등 사회적 환경에 크게 좌우된다.

지역을 기반으로 한 조직, 단체, 기업, 학교, 종교단체, 의료, 보건, 복지서비스 관계 등 여러 가지 조직이 복지라는 목표를 공유, 달성하기 위해 협력하고 함께 일하는 네트워크를 만드는 것이다. 또 파트너십의 공유와 협동이 이루어지는데 이것이 모여 커다란 힘이 되고 지역복지력을 만들어 간다.

다시 말하면 지역복지력은 바람직하고 건강한 지역사회를 만들고 이를 위해서는 사회적 자본이 필요하다. 이 사회적 자본은 사람들이 사랑을 가지고 연합하여 신뢰성을 근거로 마음과 마음을 연결한 네트워크가 사회적 자본을 가능하게 하는 규범이다. 일반적으로 경제사회에서는 물질적 자원과 인적자원 두 가지로 분류한다. 물질적 자원은 원료, 소재이고 인적자원은 노동력에 필요한 지식과 기술을 포함한 것을 의미하며 사회적 자본은 제3의 자원이라고 할 수

---

10 강명순(2007). 한국의 빈곤아동과 지역아동센터 법제화에 관한 이론과 실천. 사회복지학박사학위 논문 pp174-175.

있다.[11]

　지역복지력을 구축하기 위해서 파괴된 지역사회를 다시 만들어 나가야 한다.
지역사회 만들기 접근법은, 주민들이 장벽을 극복하고 문제에 맞서 싸우도
록 만드는 계획이다. 이것은 '처방'이 아닌 '과정'에서 시작한다. 특정지역에서
무슨 일이 일어나고 있는지를 알고, 실질적인 해결책을 어떻게 가장 효과적으
로 마련하고 적용할 것인지를 발견하는 것은 중요한 일이기 때문이다. 주민 스
스로 주인의식을 가져야 하고, 그들이 만들어 가고자 하는 것을 결정하는 데
있어서 협력해야 한다.

　지역사회 만들기 전략의 핵심은 다음의 네 가지 원리를 따른다.
　1) 포괄적이며 통합적이고
　2) 적극적으로 주민들을 참여시키며
　3) 새로운 형태의 파트너십과 협동을 이루고
　4) '단점'이 아닌 '자산이나 강점'에 집중한다.[12]

6.2 생태체계(Ecologial system) 이론

　빈곤지역에 사는 해체가정의 아동·청소년들은 낮은 자아 통제력과 공격적
인 행동이나 영양실조로 인한 불균형한 성장발달이 이루어지고 초등학교에 입
학하기 전부터 학교생활에 대한 준비가 전혀 없이 학교를 가게 된다. 따라서 학
습장애와 생활습관의 부조화가 학교적응력을 떨어뜨리고, 불결한 환경에서 오
는 냄새와 더러운 옷차림 등으로 대인관계를 바르게 하지 못하는 데서 오는 집
단 따돌림과 낙인효과 때문에 일찍 일탈행동에 접어들게 된다. 가정은 그들의
잘못된 행동이나 습관을 수정하지 못하고, 부부불화와 빈곤, 실직과 가출로 이
어지는 빈곤상황이 심리·정서적인 지지를 하지 못한 채 오히려 부모에 대한
적개심과 분노, 거부와 방임과 유기로 인한 일관성 없는 억압적인 훈육이 역기
능가족으로 유지되면서 우울증이나 문제 행동을 유발하게 된다.

11　Sung Lai Boo(2005), 지역복지력과 빈곤아동·가족지원시스템 구축. 찾아가는 사례관리세미나 자료집.
　　pp9-12. 부스러기사랑나눔회.

12　Arthur J. Naparsteak & Dennis Dooley (1997). 'Community Building', in Encyclopedia of Social Work'
　　(19th Ed. Washington) DC ;NASW Press, p87.

또한 절대적인 빈곤이나 상대적인 빈곤 혹은 사회 · 문화적인 빈곤감에 휩싸여 절망 가운데서 알코올 중독이나 백수건달 놀음이나 가정폭력을 행사하는 저급한 빈곤문화에 영향을 받는다.

뿐만 아니라 아무리 노력해도 노력한 만큼 먹고 살 수 없는 사회구조적인 악순환 때문에 쉽게 일탈 행동에 빠지고 비행 아동 · 청소년으로 살아가게 된다. 이러한 환경적인 요인은 청소년 개인의 특성과 가족체계, 부모체계, 동료체계, 학교체계, 이웃 혹은 지역사회체계 등과 같이 청소년이 주로 위치한 주요 사회체계의 상호작용과 특성들에 의해 청소년의 행동이 영향을 받는다는 생태체계의 관점에서의 아동 · 청소년의 이해를 바탕으로 통합적인 사회복지를 개발할 수 있다.

생태학적 체계 이론은 사회사업자들에게 환경 내에서의 인간을 보는 관점을 명확히하고 강화하는 데 도움을 준다. 사람들과 환경을 바라보는 것으로는 충분하지 않다. 생태학적 체계 이론은 가장 스트레스와 문제점이 많이 발생하는 경계지점인 사람과 환경 사이의 중요한 생명선을 강조한다.[13]

---

13 Maria o'neil Mc Mahen (1983). The General Method of Social Work Practice A Problem Solving Approach. p10.

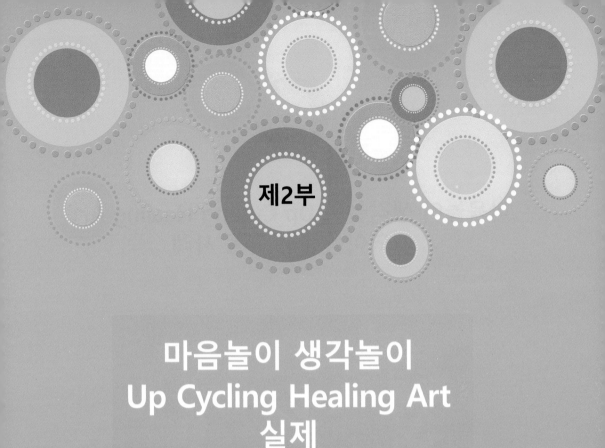

제2부

마음놀이 생각놀이
Up Cycling Healing Art
실제

마음놀이 생각놀이 Up Cycling Healing Art
지역아동센터 활동 사례

강명순, 2013.

사례 1. 놀이하면서 마음속 이야기하기
– 나무를 심는 학교

2014년 5월 16일 초등학교 1~2학년을 위한 놀이

이번 활동은 말린꽃과 나뭇가지를 주로 이용한 작품 활동입니다. 작품에 필요한 말린꽃을 준비하는 과정에서 꽃이 마르는 과정을 관찰하며 일지를 쓰거나 아이들과 함께 이야기를 나누면 아이들의 관찰력 증진과 과학적 호기심을 자극하고 생명의 가치를 깨닫는 데 큰 도움이 됩니다.

준비물

작품 재료를 잘 디자인해서 목공본드로 붙이는 넓은 종이상자(초등학교 저학년들은 너무 큰 상자보다 색깔이 예쁘고 크기가 작은 것을 준비해 주세요), 목공용 본드, 말린 꽃(다양한 꽃으로 준비해 주세요), 솔방울, 나뭇가지, 나뭇잎 등 주변에서 구할 수 있는 다양한 재료를 아동들이 직접 준비하게 하고 활용할 수 있도록 도와주세요.

강명순   지금 우리 이거 볼 건데 뭐 같아요? 이름이 뭔지 알아요?

아이1   피래미

강명순   수선화. 수선화예요.

아이2   그런데 나팔꽃 같아요.

강명순   나팔꽃같이 보여요?
　　　　추운 겨울이 지나고 봄에 제일 먼저 태어나는 꽃인데.
　　　　이 꽃이 살아 있어요? 죽어 있어요? 죽었지? 말랐지?
　　　　그럼 얘네들이 처음에는 어떻게 생겼을까? 궁금하죠?
　　　　그럼 지금 한 번 볼게요.

애네들이 처음엔 겨울에 쑤욱 쑤욱 쑤욱 솟아올랐어요.
그래서 지금 노랗게 피려고 하는 꽃봉오리가 보이지요.
그런데 이 수선화를 뿌리채 어떤 친구가 뽑아 버렸어요.
"재미있겠다." 하면서 스무 개를 뽑아 버렸어요.
아기 파같이 생겼죠. 그런데 수선화 뿌리예요.

"꽃이 피다 말아 버렸나? 살아 있나 죽었나?
그리고 여기 파란색 옷 입은 친구가 다 뽑은 거야.
아, 이거 뭐가 이렇게 자랐지? 재미있겠다."
이러면서 쭉쭉쭉 뽑았데요?
그래서 저렇게 아빠하고 둘이서 미안해.
내가 너네 아프게 해서 미안해. 하고 다시 심었데요.
쭈그리고 앉아서 심고 있지요, 그지?
다른 수선화 친구들은 신나게 올라오는데
이 친구들은 이렇게 힘들게 해서 아까 그 친구가 딱 잘라 버렸어요.

줄기가 잘라져 버렸는데 물에 담가 놓으니깐 꽃이 피었어요?
수선화 꽃 예쁘죠? 뿌리가 없어도 물이 있으면 꽃이 피고
밤에도 수선화 꽃은 피어 있었어요.

이렇게 이쁘게 뿌리가 없어도 잘 자라고 있죠? 씩씩하게.
그런데 보세요.
땅속에서는 우리는 열심히 자라야지. 하고 자라고 있어요.
그래서 일주일 뒤 아침에
저 친구가 1학년 친군데
자기가 마음대로 잘라서 "너네 아팠겠다". 하고 말하고
또 뭐라고 말했을 거 같아요?

아이1.2 미안해.

강명순 네. 맞았어요. "내가 뽑아서 미안해.
내가 사랑해, 내가 지켜줄게."
자, 다시 냄새 참 좋다. 냄새 참 좋다 하고 웃고 있죠?
"미안해 내가 지켜줄게!"
하고 꽃을 사랑하는 아이가 됐어요.

아이3 뽀뽀했어.

강명순 네. 뽀뽀도 하고 생명을 사랑하는 아이가 됐죠?
그래서 저렇게 예쁜 꽃들이 처음엔 하나가 폈는데
지금은 어때요?

아이들 많이 폈어요.

강명순 네. 많이 폈어요. 왜 많이 폈냐 하면
"내가 사랑해 줄게." 하고
생명을 소중이 여겨서 많이 폈어요.
사랑하는 친구가 "다 지켜줄게." 해서 피었어요.

다른 친구들은 가을이 되어서 이렇게 낙엽이 졌는데
"아우~ 이젠 우리 힘들어. 그만할 거야"
그런데 저기 연두색 이파리 하나가 주욱 나온 거 보여요?

아이들   네.

강명순   쟤는요. 아니야. 힘들어도 다시 시작해야 돼.
　　　　 생명을 사랑하는 아이가 되면
　　　　 우리가 더 예뻐질 수 있어.
　　　　 그렇죠? 어떻게 예뻐지나 볼까요? 예쁘죠?
　　　　 여러분이 꽃을 사랑하는 마음으로 친구를 사랑하면 저렇게 예쁘게 될
　　　　 거예요. 그러면 온 세상이 햇빛이 비치는 것처럼 환하게 될 거예요.
　　　　 그래서 오늘은 우리가 이 작품을 만들면서 세상을 환하게 해 주는
　　　　 그런 작품을 만들 거예요.

저기 뒤에 선생님이 박스를 다 준비해 놨는데
자기가 마음에 드는 것 하나씩 갖고 오세요.
한 사람 한 사람씩 자기가 필요한 거 갖고 가세요.
됐어요. 조금만 기다리세요. 자, 뭐 만들지 생각하면서.

아이3 언니, 이거 세 개야?

아이4 아니 두 개.

강명순 자. 이제 앉아 보세요. 솔방울을 갖고 예쁘게 만들어 보세요.

아이5 뜯어서 해도 되요?

강명순 네. 뜯어서 해도 되요.
지금부터 어떻게 할지 자리를
잡고 본드를 붙여서 이렇게 하
면 되요. 할 수 있죠?

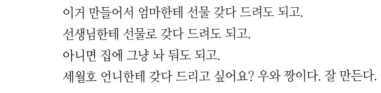

아이들 네.

아이3 꽃다발 만들어도 되요?

강명순 오. 자리 잘 잡네.

아이3 이거 나머지 어떻게 하지?

강명순 네. 나머지는 버려도 되고. 많이 해 봤나 보다.

아이4 저도 이거 유치원에서 많이 해 봤는데.

강명순 오. 그랬어요?
이제 이 언니처럼 이렇게 풀로 자리를 잡아 놓고 이렇게 붙이면 되거
든요. 다른 친구들은 조개나 바나나 말린 거 하는데 지역아동센터 나
무를 심는 학교는 나무를 심으니까 나무랑 풀이랑 많아서 좋죠?
나뭇가지도 가져 와야 되나요?

아이6 나뭇가지 꺾을 뻔했네.

강명순 큰일 날 뻔했네.

아이3 이거 이렇게 뚜껑 열어놓으면 마를 텐데.

강명순 그럼요. 난 친구들이 만드니깐 나도 만들고 싶다.

아이5 난 그냥 식물에 대해서만 배웠는데.

강명순 식물에 대해서만 배웠어요?
이거 만들어서 엄마한테 선물 갖다 드려도 되고.
선생님한테 선물로 갖다 드려도 되고.
아니면 집에 그냥 놔 둬도 되고.
세월호 언니한테 갖다 드리고 싶어요? 우와 짱이다. 잘 만든다.

아이5   솔방울은 아침에 소나무에서. 진딧물이 있어요?

강명순   너는 그런 거를 어떻게 알아요?

아이들   학교에서~~~.

강명순   이제 본드 칠할까요?

        선생님이 안 도와줘도 잘 할 수 있는데.

        자. 여기는 닦았으니깐. 아, 예쁘다.

        반대로 꼽고 하는 구나. 우와, 잘했다.

        마음을 담아서 만든 거예요. 녹차가루를 뿌리고 싶어요?

        갖다 줄게. 다 했으면 자기 이름 쓰구요.

        이제 우리 그만 만들고 얘기하기 하자.

아이들   다했다.

강명순   그럼 이제 나 이거 만들었는데요.

        하고 얘기하고 싶은 사람은 말해도 되고

        얘기하기 싫은 사람은 안 해도 돼.

아이   저는 할 거예요.

강명순   할 거예요? 그럼 자기 작품 옆에 가서 얘기하면 되요.

아이   저는 이걸 만들어서 참 기뻐요. 이걸 우리 집에 가져가서 보여 주고 싶습니다. 아마 우리 엄마가 절 혼내시지 않고 반겨 주실 겁니다.

강명순   엄마 사랑한다고 여기다 썼는데.

        엄마 사랑해요. 엄마 힘내요. 했죠? 그죠? 아주 잘했어요.

        너무 엄마가 예쁘네요. 그죠? 잘했어요. 준서.

        자, 어땠어요? 이거 만드니까 어땠어요?

아이   힘들었어요.

강명순   힘들었구나. 뭐 만들었는데?

아이   우물 속에 있는 꽃.

강명순   우물 속에 있는 꽃? 오. 잘했어요.

	예쁘다. 아주 잘했어요. 또 하면 또 하고 싶어요?
아이	네.
강명순	준서는?
아이	기쁘고 행복하구요. 즐거웠어요.
강명순	오. 기쁘고 행복하고 즐거웠어요?
	2학년 언니는 어땠어요?
아이	재밌었어요.
강명순	재밌었어요?
	그 솔방울이랑 꽃잎들이 말하는 소리가 조그맣게 들렸다고 그랬죠?
	뭐라고 들렸어요?
	"아, 만들어 줘서 고맙다.
	나는 꽃이 피었다 말라서 죽었는데
	새롭게 작품으로 만들어 주어서 기쁘다."
	하는 소리도 들렸어요? 오. 짱이다. 소리가 들렸다잖아요.
아이	안 났는데요.
강명순	마음으로 소리를 듣는 거예요.
아이	그럼 너 몸이 안 좋다는 거야.
강명순	아니야. "마음으로 들을 수 있는 마음을 주세요."
	하면 들을 수 있는데 지금은 못 듣지만.
	조금 이따 들을 수도 있어요.
	감사합니다. 하고 박수 치고 끝냅시다.

(일동 박수)

땅에떠러저인는꽃입들을마음을따끈끈하고
입을담서땅에무더서사랑으로다시자라나는꽃이고
입다드아푸게지만미안해꽃하고입을한번로
꼴아입을쏘바서다서설었어.

(초2)

최준서♡
내 꿈의사

엄마 오늘 화 내서 미안해요

제가 엄마 한태 사과 할개요

엄마 제성해요
엄마 제성해요 엄마 사랑해요
엄마 힘 내요

♡ ♡ ♡

(초1)

(엄마께) ♥ 하이까올림

내꿈 나는의사가 되
고싶다 그리고하늘을
날고싶다 ♥
♥

나에편지 ♥

엄마 사랑해요
저를낳아주셔
서감사합니다 저를안낳아
주셔더라면 어린이날선물도못
받았슬거예요 사랑해요힘내
세요

제목 아빠 힘 내세요♡♡

아 빠 힘 내세요
아 빠 그 리고 회 사도다
니까.

(초1)

호기심 가득한 눈빛으로

고뢰자
(나무를심는학교 시설장)

- 우리 나무를심는학교(이하 나심) 아이들에게 업 싸이클링 힐링 아트의 기회가 주어졌습니다.

- 저학년 아이들이 반갑게 강사(강명순 이사장)님을 맞이 하였습니다. (할머니 안녕하세요~~.*^^*)

- 다섯 명의 아이들이 호기심 가득한 눈빛으로 열심히 자신만의 세계에 몰입하는 모습을 보았습니다. 강사님의 지도에 따라 밝은 표정으로 작품을 만들어가는 아이들을 보며 참 신기했습니다.

- 아이들이 자신들의 작품에 나름대로의 의미를 부여하며 글을 썼습니다. 저학년 아이들 답게(?) 다양한 자신들의 이야기들이 담겨 있었습니다 .

- 어린 나이에 엄마, 아빠에게 죄송하고 사랑한다고 쓴 아이들이 있었습니다.

- 주말에만 아빠를 만나는 아이는 아빠를 보는 것이 좋으면서도 아빠가 화를 내는 것이 무섭고, 자기가 잘못했기 때문에 아빠가 화를 내는 것이라고 하였습니다.

- 또 다른 어떤 아이는 엄마의 우울증으로 인하여 매일매일 가슴 졸이며 아파하고 있었습니다.

• 한창 어리광을 부릴 나이에 죄송하다는 마음을 표현하는 아이들을 보며 마음이 아팠습니다. 자신은 커서 절대 시집을 가지 않겠다고 말하는 아이들의 상처난 마음에 업 싸이클링 **힐링** 아트처럼 사랑으로 치유되었으면 하는 마음 간절합니다.

• 짧은 시간이었지만 자신만의 작품을 만들며 마음을 표현하는 아이들을 보며 감사했고 소중한 나눔, 귀한 시간을 내어 주신 강명순 이사장께 진심으로 감사하는 마음을 전합니다.

• 업 싸이클링 힐링 아트 작품을 만들고 나서 아이들은 열심히 자신의 작품에 대해 짧은 시를 썼고 만든 작품을 움직이지 않도록 잘 보관하여 하루가 지난 후 하얀색 목공 본드가 완전히 말라서 투명해지면 마른 꽃잎이 흐트러지지 않고 잘 고정되어 집으로 가져가도록 했습니다

• 늘 행복하세요~.

사례 2. 조개껍질로 희망의 물결 만들기
– 꿈이 있는 푸른학교

2014년 5월 17일 초등학교 저학년, 고학년, 중학생이 함께하는 놀이

이번 활동은 바다나 강에 사는 조개껍질을 주로 이용한 작품활동입니다. 작품에 필요한 조개껍질을 준비하는 과정에서 아이들과 함께 조개의 이름과 사는 곳, 조개의 색깔에 대해 설명해 주고, 조개껍질의 무늬가 각각 우리의 얼굴 생김새처럼 다양한 것을 눈으로 확인하고 만져 보는 체험의 시간을 가져 봅니다.

소라껍질은 귀에 대고 파도소리를 확인하기도 하면서 재료를 관찰하며 메모를 하거나 아이들과 함께 이야기를 나누면 아이들의 관찰력 증진과 바다생활에 대한 상상력을 높여 주고 우리가 쓰레기라고 생각했던 조개껍질이 새로운 작품으로 태어나는 생명의 소중함을 깨닫는 데 큰 도움이 됩니다.

준비물
- 재료 준비 시 지역아동센터에서 함께 먹은 홍합, 모시조개, 바지락, 백합조개, 동죽, 맛조개, 재첩, 꼬막, 소라, 전복껍질 등을 주방세제로 깨끗하게 씻어서 햇볕에 말리면 비린내가 제거됩니다.

- 넓직한 박스(조개 껍질은 마른 꽃보다 무게가 있으므로 조금 더 단단한 종이상자, 특히 바다를 상징하는 파랑색 바탕의 상자를 준비하거나 파란색 색도화지를 미리 붙여 두면 작품이 더 돋보입니다.), 목공용 본드, 백합조개, 홍합, 바지락, 꼬막 등 다양한 조개껍질을 물기를 제거한 후 준비해 주세요.

강명순　안녕하세요. 선생님이 이거 갖고 왔는데요. 뭐 같아요? 느낌이?
아이　바다.

강명순　오~ 어떻게 알았어요? 이게 바다. 이것은 배고.
　　　　그리고 이것은 파도치는 거고요. 이건.

아이　물고기

강명순　물고기들이 "오빠 안녕~.언니 안녕~" 하고 장난치는 거래요.
　　　　몇 살 짜리가 한 것 같아요?

아이들　여섯 살

강명순　다섯 살짜리가 했는데 우리는 오늘 조개껍질을 가지고 재미있게 할
　　　　거예요. 얘는 어디서 살다 왔어요?

강명순　바다

강명순　바다 속에 바위 있잖아요. 바다 속 바위에. 얘 이름이 뭐지?

아이들　홍합

강명순　이거 언제 먹었죠? 어제 먹었죠?
　　　　여러분이 이 안에 있는 조개 먹고 보통 집에서는 껍질 어떻게 해요?
　　　　쓰레기통에 버리지요.
　　　　그럼 얘들이 쓰레기통 안에서
　　　　"나 엄마한테 가고 싶어 잉잉" 하고 울고 있을 수도 있지요?
　　　　그러면 여러분이 홍합친구에게 "내가 멋진 작품 만들어서 멋지게 예
　　　　술품으로 만들어 줄게. 울지마~~."

저는 그런 소리가 들려요.

여러분도 조그만 귀를 열면 그런 소리 들을 수 있어요. 비단조개 홍합, 조개뿐만 아니라. 군산이나 강화도 인천 바다에 가면 이런 조개들이 있어요. 얘는 얘하고 어떻게 달라요?

그치? 조개껍질 안이 하얗지?

그럼 하얀 꽃 중에 뭐가 생각나요? 백합꽃. 그쵸?

하얗죠? 그래서 이 조개는 백합조개라고 불러요.

그런데 이 홍합 조개는 왜 홍합이냐 하면.

홍이 무슨 색깔이지? 이 조개살 색깔이 약간 빨갛죠?

그런데 여기 백합 조갯살 색깔은 하얗죠.

자. 그러면 백합 조개라고 해서 다 무늬가 똑같을까요?

아이들 다 달라요.

강명순 다 다르죠? 우리 준비할 때 보니깐 다 달랐죠?

우리 얼굴이 다 똑같아요?

다 다른 것처럼 조개들도 이렇게 예쁜 무늬가 있는데

우린 몰랐죠? 그리고 쓰레기통에 무조건 버렸죠.

그래서 여러분이 오늘 작품 만들면서 이 예쁜 무늬들을

이용해서 더 예쁘게 작품 만들어 보세요.

그럼 여러분의 마음으로 말하는 소리가 들어가면

이 조개들이 새로운 마음으로

"나 꿈이 있는 푸른학교 친구들이 사랑해 줘서 나 용기를 내서 새롭게 시작할 거예요." 하는 소리가 들릴 수도 있어요.

할 수 있죠?

자, 그러면 새로운 시작을 하면 조개들이 어떻게 되는지 이 책을 보면 "오, 조개껍질을 가지고 이렇게 할 수도 있구나." 하고 생각할 수 있어요. 꼬막도 있죠? 재밌게 만들었죠?

그럼 오늘 여러분이 나는 저걸 갖고 뭘 만들까 할 때 조개를 손바닥 위에다 만들 수 있어요? 없죠?

그래서 제가 오늘 여러분 줄려고 집에 모아둔 저 박스들을 가지고 왔어요.

새벽에 일찍 일어나서 주워 가지고 왔는데 여러분한테 선물로 드릴까요?

참 한윤희 쌤도 조그맣고 예쁜상자를 준비해 주셨어요.

그럼 여기 앞에 있는 친구들부터 차례차례 일어나서 여기 박스를 하나씩 갖고 여기서 조개를 담으세요. 자기가 원하는 조개. 자, 둘째 줄 나오세요.

차례차례 나오세요. 자, 순서대로 나와서 가지세요.

여기서 다른 것도 가져가면 되고. 조개 붙일 때 속에 있는 게 보이려면 이 등에다 붙이면 되고 아니면 여기 조개껍질 끝에 돌아가면서 주욱 본드를 짜 주세요.

이렇게 짜서 마음속으로 "잘 붙어 있어라."라고 한 후 붙이세요.

우와~. 잘 만들었다. 뭐 만들었어요?

아이　사람~.

강명순　사람을 만들고 싶어요? 네모 얼굴이구나.

이게 코고 이게 입이야. 이거 색깔 이쁘다. 그지?

우와, 진짜 멋지다. 저쪽 조개 더 갖다 줄까?

배? 파도가 치고 있어요?

그럼 사람들이 바다에 안 빠지겠는데. 그렇게 생각해요?

바나나 껍질 같은 파도. 재미있겠는데?

잘해 봐요. 꼬막을 사용하는데 멋지다.

이게 세월호라고요. 진짜 잘 만들었다.

세월호래요. 이게 하늘이래요. 고래다. 이건 상어할까?

제목을 써 주고 이걸 왜 만들었는지…….

아빠한테 주고 싶어요? 우와. 짱이다.

강명순　자, 여러분. 오늘 수고하셨죠?

박수 한 번 치겠습니다. 지금 있잖아요.

다 끝났는데 제가 다른 지역아동센터 갔을 때보다 우리 꿈이 있는 푸른학교 친구들이 제일 조용했어요. 그리고 제일 잘 만들었어요.

그래서 지금은 평가하는 시간이예요.

이건 뭐 만들었어요?

아이　세월호 침몰

강명순　오늘 만들면서 기분이 어땠는지 설명해 주세요.

아이　좋았어요. 그냥.

강명순　그다음에 옆에 친구……. 제목이 뭐예요?

아이　바다요. 작은 조개 붙일 때 너무 안 붙여졌어요.

강명순　오늘 이거 만들기 하면서 어땠어요?

아이　처음에…….

강명순　처음에?

아이　졸렸어요.

강명순　어머 졸렸대. 지금은?

아이　안졸려요.

강명순　잠이 깼구나. 자, 그다음예요. 조금만 들어 주세요.
　　　　하트 이쁘다.
　　　　그다음에 오빠는?

아이　세잎클로버를 만들었어요.

강명순　조개로 세잎클로버를 만드니깐 기분이 좋아졌나요?

아이　네.

강명순　기분이 좋아졌대요.
　　　　계속계속 기분이 좋아지고 행복하세요. 자. 또…….

아이　악어.

강명순　악어의 입속이래요. 재밌다. 어땠어요?

아이　재미있었어요.

강명순　재미있었대요. 그다음에.

아이　구조 요청.

강명순　구조 요청이래요. 헬리콥터고. 도와주세요. 잘 만들었어요.
　　　　자, 그다음 친구.

아이 사람～～～.

강명순 사람이 물속에 있는 거예요? 자, 그다음 친구.

아이 꽃밭이요.

강명순 아, 예쁘다. 꽃밭 잘 만들었지요? (박수)
다 만들고 나니 기분이 어땠어요?
꽃밭에서 뭐하고 싶어요?

아이 잠자고 싶어요.

강명순 꽃밭에서 잠자고 싶어요. 자, 그다음 친구.
와, 예쁘다. 잘 만들었죠? 자. 박수.
이거는요? 조개들의 세상이라고 그랬어요.
재미있게 잘 만들었죠.
이렇게 똑바로 똑바로 줄을 세웠는데요.
이거 한 쪽에는 뭐라고 그랬죠?
이거 한 줄은 동생들이 학교를 가 있는데요.
자, 오늘 이거 만들고 나니깐 여러분이
쓰레기같은 조개껍질을, 쓰레기통에 가야 할 조개껍질을
여러분이 한 시간 동안 사랑해 줬더니 이게 뭐가 됐어요?

아이들 예술작품～～.

강명순 예술작품이 됐지요. 여러분은 모두 예술가랍니다.
이 작품 통째로 쓰레기통에 버려야 되나요?
절대로 못 버리지. 작품이니깐. 이건 귀중한 게 되었죠?
지금 조금 재미없고 답답해도 누군가가 옆에서
친구들이나 선생님이 예술작품으로 만들고 주려고 노력하면
귀중한 사람이 되겠죠?
여러분 귀중하고 훌륭한 사람이 되세요.
그럼 여러분 박수하고 화이팅하고 끝납니다.
꿈이 있는 푸른학교 화이팅하고 끝낼까요?

일동 화이팅!

(참여한 아이들 중에 가장 수줍은 아이가 자신 있게 인터뷰를 함)

강명순 이거 뭐 만들었어요?

아이 이건 세월호. 이건 고래고.

강명순 "고래 물 뿜는 거. 아까 물 뿜는 거"라고 그랬죠.

아이   이건 파도고요. 이건 상어고. 이건 그냥 물고기랑 조개들.

강명순   그래서 여기 세월호 형아한테 뭐라고 말한 거 같은데요.

아이   하늘나라에서 잘 놀고 다치지 말라구.

강명순   그렇지. 오늘 이거 만드니깐 기분이 어땠어요?

아이   좋았어요.

강명순   그쵸? 너무 재밌었어요? 좋았다는 게 무슨 말이지?

아이   너무 재밌고 만지니깐 느낌이 좋았어요.

강명순   조개껍질을 만지는 느낌이 좋았어요?

아이   네.

강명순   이젠 그만할까요? 다음에는 그만하고 싶어요?

아이   다음에도 또 만들고 싶어요.

강명순   또 만들고 싶어요? 아, 잘했어요.

제옥; 새워호 친을
조개가 따 배, 배에나오는딸기그 거밖에
붙쳤고 그리고 새옥4호 친을을 했나면
너우에 올리고 재밌으니까 그리고서
위로 해 줬를 한해 람들이 놀섬했다

이름길 희성

응암초등 학교 2학년 1반

제목; 꽃밭

홍합, 모시조개, 백합조개, 재첩조개 등으로 꽃밭을
만들었다. 꽃밭을 만든 이유는 내가 그때 가족과
함께 꽃밭에 놀러가고 싶었기 때문이다.

꽃밭에는 벌과 나비와 예쁜 꽃들이 있어
가면 기분이 좋을것 같다.

그리고 가족과 추억을 남기고 싶었다.
그래서 조개로 꽃밭을 만들었다.

제목= 세잎 조개클로버

내가 조개 껍데기로 세잎클로버를 만든
이유는 껍데기 끝 부분이 뾰족하게 튀어
나와서 만들면 괜찮겠다라고 생각해서
만들었고 껍데기 색깔이 너무 예뻐서 모아
놓고 싶어서 여기도 했다.

또 조개 껍데기로 이런 경험을 한다는게 흔하
지 않아서 재미도 있었고 조개 이름도 알아가며
배우기도 한다는게 너무 좋았다. 그리고 내가
이것을 만들면서 집중을 했는데 내가 이런
집중력을 해가며 했다는것이 너무 신기했다.

그리고 만든 또다른 이유는 쉽게 세잎클로버가
생각이나서 3, 4가지 조개 종류들을 갖다가
다양한 세잎클로버를 만들어 보았다.

내가 만든 것을 가져가게 된다면 내 책상 앞에
놓을 것 이다.

(중3)

Up Cycling Healing Art 활동 후기

새로운 느낌으로 다가옵니다

한윤희
(꿈이 있는 푸른학교 센터장)

아이들의 왁자지껄 재잘거리는 소리가 들려옵니다.
저는 이 소리를 들으면 즐겁고 행복해집니다.
저희 아이들은 센터에서도 거의 서서 지냅니다.
서서 춤도 추고 놀이도 하고……
그래서 손님들이 오시면 애들이 대책 없이 밝다고들 하십니다.

오늘은 아이들이 다른 때보다 일찍 센터에 나와 더 들떠 있는 듯합니다.
강명순 이사장님과 업 싸이클링 프로그램을 진행하기로 하였기 때문입니
다. 새로운 것에 호기심이 많은 아이들...
저는 참 예쁜데…… 단지 걱정은 산만해서 자신들이 해야 할 일들을 잘
놓치고 학교에서 선생님들께 꾸지람을 많이 들을까 걱정됩니다. 물론 꾸
지람도 듣고 그걸 잘 수용하고 반성할 줄 알아야 건강하게 성장할 수 있
는데……
아이들이 기가 죽을까 우려가 됩니다.
그래도 저는 아이들은 아이들다워야 하고 충분히 놀아야 창의성도 발달
한다고 생각합니다.

업 싸이클링은 평소 호기심 많은 아이들에게
새로운 느낌으로 다가오는 듯 했습니다.
버려지는 쓰레기를 활용해 뭔가 만들 수 있다는 것,
그걸 전시하고 누군가에게 보여 줄 수 있다는 것,
그리고 거기에 이야기를 담을 수 있다는 것,
이런 점들이 아이들의 마음을 움직이게 했던 것 같습니다.
강명순 이사장님이 오셔서 가져온 재료들을 준비하시는 동안

아이들은 그 주변에 옹기종기 모여 앉아서 자세하게 관찰 했습니다. 오늘 재료는 바다에 있는 것들이었습니다.

갖가지 조개와 홍합 등이 아이들 앞에 펼쳐졌습니다. 아이들은 재료를 만지작거리며 계속 질문을 하기 시작했습니다.

"이건 뭐예요?" "이건 어디에 살아요?" "이거 맛있어요?"

아이들이 오감을 통해 재료들과 만나기 시작했습니다.

본격적인 프로그램이 시작되었습니다.

오늘 주제는 '세월호 사건'으로 인해 희생당한 언니, 오빠들에게 전하고 싶은 이야기를 작품 안에 담는 것이었습니다.

아이들이 직접 재료를 고르기 시작했습니다.

저희 아이들은 큰 박스를 고르고 거기에 필요한 재료들을 담았습니다. 아이들이 조그만 박스를 좋아할 줄 알고 나는 조그만 박스를 준비해 두었고 강명순 이사장님은 안산 집에서 모아 두었던 큰 박스를 직접 가지고 오셨습니다. 내 생각과는 달리 아이들은 큰 박스를 좋아했습니다.

평소 지역아동센터 분위기와 다르게 숙연해지고 너무나 조용해서 내가 무슨 일이 있나 걱정할 정도로 조용하였습니다.

정말 우리 애들이 맞나 싶을 정도로 놀라운 집중력을 보였고

자신들의 마음을 작품에 담기 시작했습니다.

30분 가까이 자리를 떠나지 않고 작품을 만드는 데 열중했습니다. 졸거나 딴 짓을 하는 아이들도 없었습니다.

숨소리를 내기도 미안할 정도였습니다.

쓰레기가 되어 버려지고 썩어 없어져야 할 재료들이 아이들의 손길을 통해 아이들의 느낌을 통해 새롭게 살아나는 듯했습니다.

강명순 이사장님이 작품을 만드는 동안 한아이 한아이 책상을 따로 앉아서 만들게 하고 격려와 칭찬을 하면서 살피셨고 만들고 나서 아이들과 동그랗게 둘러 앉아 이야기를 나누셨습니다.

작품의 제목을 정하고 이야기를 담는 시간이었습니다.

아이들이 조개, 홍합, 소라와 이야기를 나누었고

아이들은 세월호 사건으로 희생당한 언니, 오빠들을 구출했으면 좋겠다는
마음과 사랑, 행운 등의 마음을 작품 안에 담았습니다.
세월호의 모습을 작품으로 만든 아이들도 있었습니다.
조개와 홍합들이 언니, 오빠들을 구했으면 좋겠다는 아이도 있었습니다.

업 싸이클링은 아이들의 오감과 호기심을 자극하고 창의성을 높일 수 있는
프로그램이었고, 자신들의 이야기를 작품에 담고
그것들을 나눌 수 있도록 도와주는 프로그램이었습니다.
무슨 프로그램을 하든 우리 아이들은 자신들의 모습을 표현하기에 바쁘고
그렇기 때문에 사람들이 보기에는 산만해 보일 수도 있습니다.
업 싸이클링은 그런 면에서 아이들이 자신들의 모습을 표현하고 자신들
의 이야기를 충분히 담을 수 있는 프로그램이라는 생각이 들었습니다.

부활, 사랑, 나눔, 치유가 한 세트로 묶여진 프로그램이 업 싸이클링이라
는 느낌이 들었고 저희 아이들의 새로운 모습을 보는 시간이었습니다.

한윤희 센터장이 나무를 심는 학교에 다니러 갔다가 만든 작품.
처음에는 무얼 만들었는지 모르고 마음 길 따라 손이 가는 대로 만들었는데 나중에 작품해
석을 다시하고 제목을 붙이니 기분도 좋아지고 재미있었다고 합니다.

사례 3. 커피공원에 놀러 오세요
– 이레지역아동센터

2014년 5월 17일   초등학교 고학년

이번 활동은 밭에서 나는 다양한 재료를 이용한 작품 활동입니다.
작품에 필요한 재료를 준비하는 과정에서 아이들과 함께
이 열매와 채소 뿌리, 과일 껍질이 어디서 살다가
어떻게 왔는지 이야기를 나누어 보고,
재료를 말리는 과정을 관찰하며 일지를 쓰고 기록하면
아이들의 창의력 증진에 도움이 되며
홍화씨나 유통기한이 지난 커피콩 등으로 작품을 만들면
ADHD가 완화될 만큼 집중력이 높아지기도 합니다.
센터에서 함께 과일과 채소 껍질이 마르는 것을 지켜보며
인내심을 기를 수도 있습니다.

준비물
- 탁상용 달력
  철 지난 탁상용 달력을 버리지 않고
  재활용합니다.
  검정색보다는 다양한 색이
  마른 열매나 과일 껍질의 색과 어우러질 수 있어
  아동들이 더 좋아합니다.
- 목공용 본드, 커피콩, 무껍질, 바나나껍질, 사과껍질,
  귤껍질 등을 잘 말려 준비하고,
  동백나무 열매, 수수 등과 같은 밭에서 구할 수 있는
  다양한 재료도 활용해 보세요.

강명순   자. 오늘은요. 친구들하고 이렇게 재미있는 놀이를 할 건데.
　　　　애들은 뭐예요?

아이들   밤～～～.

강명순 밤껍질. 얘는? 딸기껍질. 딸기 꼭지 위에. 그리고 얘는?

아이들 감~~.

강명순 그럼 얘들은 다 쓰레기예요? 먹는 거예요? 쓰레기지요?
우리는 먹고 다 쓰레기통에 버렸는데 선생님이 이걸 버리려고 하니
깐 "우리 버리지 말아 주세요. 우리가 열심히 일해서 귤을 만들었는
데 사람들은 귤 알맹이만 먹고 껍질은 왜 버리지요? 나를 사용해 주
세요." 그런 조그만 소리를 내가 들었어요.
그래서 "어떻게 사용하라고?" 물었더니.
귤 껍질이 "나를 좀 이쁘게 만들어 주세요."라고 했어요.
이게 뭐죠? 우리나라죠? 이건 제주도. 이건 울릉도. 이건 독도. 아,
잘한다. 우리 이레지역아동센터 짱이다.
그래서 이렇게 지도를 만들고. 여기서 2020(이공이공) 2020년까지 빈
곤아동, 결식아동, 배고픈 아이들 한 명도 없는 나라 만들어 주세요.
귀에 쏙쏙쏙쏙 들렸어요.
그러니까 여러분도 이 껍질들 얘기를 듣고 싶죠?
처음에 태어날 때는 알맹이도 껍질도 다 의미가 있었는데 알맹이만
사람들이 먹고 껍질은 사람들이 버리니깐.

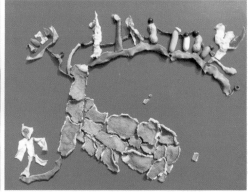

선생님 손녀딸 여섯 살 아이가 오이를 먹고 난 뒤 껍질을 쓰레기통에
엄마가 버리니까
"엄마 껍질 버리지 마세요 작품 만들어야 해요"
엄마가 음식물 쓰레기통에서 오이껍질을 꺼내 말리니까
그 앞에 앉아서
"엄마 이 오이 껍질은 마르면 어떻게 변할까?"

진지하게 오이껍질 앞에 앉아서 관찰을 했대요.

여러분 그런 생각해 봤어요? 안 해 봤지요?

그러면 이 바나나 껍질이 마르면 어떻게 변할까요?

저기 아까 우리 바나나 껍질 마른 거 봤죠? 색깔이 어떻게 변했어요?

아이들 검은색.

강명순 검은색으로 변했죠? 그런데 바나나껍질을 가지고 뭐해요?

바나나껍질을 가지고 이렇게 하면요.

굉장히 재미있는 춤추는 사람이 될 수 있어요.

그러면서 바나나껍질이랑 귤껍질이 이렇게 말해요.

"나는요. 귀중한 생명이에요."

오늘은 우리가 이렇게 재미있는 걸 만들어 볼 텐데.

사과도 우리는 껍질 벗겨 먹고 싹 버리잖아요. 그렇죠?

그 껍질들이 이렇게 참외껍질이랑 둘이서 이렇게 이야기하는 거 같

지요? "내가 도와줄게!"

아빠가 뒷짐 지고

"내가 사랑할게요.

내가 도와줄게요."라고

말하고 있는 것처럼 보이지요.

저기 있는 커피콩이나 동백열

매 껍질도 지역아동센터 중앙

지원단선생님이 갖고 오셨어

요. 그리고 수수열매나 이런 걸

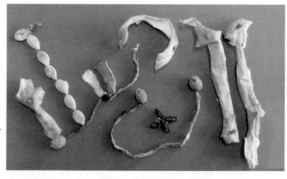

가지고 예쁜 작품을 만드는데 어떤 걸 만들고 싶어요? 5월 15일은

무슨 날이죠?

아이들 스승의 날.

강명순 5월 8일은?

아이들 어버이날.

강명순 5월 5일은? 어린이날이죠?

그래서 다른 지역아동센터 친구들은 다 사용하고 버리는 박스를 가

지고 재활용해서 작품을 만들었는데 여러분을 특별히 사랑해서 옛날

달력 2013년 달력이죠. 이것도 날짜가 지나서 못쓰게 되어서 쓰레기

통에 버릴 거죠. 이렇게 생명을 불어넣고 사랑해 주면서 만들어 보니

이렇게 예쁜 작품이 되었죠.

그래서 오늘은 책상 위에 두는 탁상용 지나간 달력들을 여러분에게 나누어 줄 거예요.

무우도~. 이게 뭐예요? 근데 이게 하얀색이잖아요. 그쵸?

무우껍질이 하얗게 마르면 이 아저씨, 이것도 무우껍질로 만든 거예요. 재미있겠죠?

그래서 여러분이 만들어 가지고 "선생님 사랑합니다."

"엄마 사랑합니다. 친구들 사랑한다."

이렇게 만들어서 선물해 주면 될 거 같아요?

아니면 자기 책상에 놔 둬도 될 거 같죠?

그럼 저기 가서 달력 색깔 있는 거 집어 가서 거기다가 자기가 필요한 재료를 이렇게 담으세요.

오늘 우리 신나게 잘해 봅시다.

이렇게 모두 손 잡자. 하나 둘 셋 파이팅.

하나씩 골라 잡으세요. 쓰레기 뷔페를 하겠습니다.

아이   햄스터 톳밥같지 않니?

강명순 와. 멋있다. 그렇게 세울려고~~?

오. 짱! 어떻게 그런 생각을 했나요~. 많이 목공 본드 꾹 짜. 됐다.

여기다 붙이세요. 되게 입체적이다.

이게 중심을 잘 잡을 수 있을까?

아이   완전히 붙으면~.

강명순 완전히 붙을 때까지 내가 잡고 있을게요.

다른 거 만들어요. 됐다! 쓰러진다~~. 쓰러진다~~.

아이	완전히 굳을 때까지.
강명순	완전히 굳을 때까지. 너는 되게 입체적으로 하는 구나.

아이	뚫어도 되요?
강명순	뚫어도 되지. 자기 마음대로 하면 되지.

원두커피 낱알에 한방울만 목공 본드 뚝 떨어뜨리고 얹으면 된다. 거기다 딱 얹으면 돼요.

하트를 이렇게 이쁘게 만들었어요?

뭐라고 얘기하는거 같지 않아요?

그럼 한마디씩 얘기하고 오늘 끝날 텐데요.

업 싸이클링 힐링 아트라고 쓰레기는 쓰레긴데 쓰레기처럼 생긴 마른껍질을 가지고 뭘 만들었어요?

아이	작품~~~.
강명순	네. 예술작품! 예술작품을 만들어 봤는데 이 예술작품을 만들고 기분이 어땠는지 한마디씩만 하고 마치도록 하겠습니다. 자. 어땠어요?
아이	신기했어요~~.
강명순	쓰레기가 작품이 될까요? 신기하게 생각했군요.
아이	저도 되게 신기하고 즐거웠어요.
강명순	신기하고 즐거웠어요? 또 하고 싶어요, 그만하고 싶어요?
아이	또 하고 싶습니다~.
강명순	쓰레기와 얘기하면서 "쓰레기야, 나랑 얘기해 줘서 고마워" 그런 마음이 생겨요?
아이	네.
강명순	그럼 이제 음식물 쓰레기 막 버릴 거예요? 아니면 말려서 작품을 만들 거예요?
아이	말려서 작품 만들겠습니다~~.
강명순	아. 여러분 그렇게 생각하세요. 여기 지역아동센터에서 먹은거 잘 말려서 작품 만들고 싶어요? 네. 우리 일학년 친구 어땠어요?

아이　재미있었어요.

강명순　재미있었어요?

아이　본드 붙이는 게 힘들긴 했는데 막상 하다 보니 재미있었어요.

강명순　본드 붙이는 게 힘들었군요.

아이　쓰레기를 맨날 버리고 사니깐 더럽다고 생각하는데 여기 오니깐 쓰레기가 되게 편리하고 좋네요.

아이　쓰레기를 봐서 왠지 더러운 거 같고 하기 싫었는데요.
　　　하다 보니까 완전 재미있고 또 하고 싶어졌어요.

강명순　아. 그랬군요. 우리가 처음에 쓰레기는 싫었지만 계속 가지고 노니까 작품이 된 것처럼 우리 친구들이 조금 마음에 안 들어도 같이 사귀다 보면 친구가 이렇게 예술작품이 될 수 있지요? 그렇죠? 할 수 있죠?
　　　그럼 오늘 아주 즐겁고 행복한 시간 갖게 되어서 고맙습니다.
　　　잘했습니다. (박수)

나는 할머니에게 가서 안마도 해 드리고 "할머니 늙지 말고 젊은 마음으로 살아가세요." 늙지 않는 비밀을 말해 드리고 싶어요.

강명순 이 할머니는 어디 사시는 할머니야? 이웃집이야?

아이 이웃집의 지팡이 드는 할머니구요.

할머니가 비녀를 머리에 끼고 공원을 가고 있는 모습이고,

뒤에는 나무 한그루하고 풀이 겨우겨우 서 있는 모습을 했구요.

할머니한테 젊어지실 수 있다는 희망을 말해 주는 거예요.

아이 내 친구랑 친구의 형이랑 노는 거예요

강명순 친구와 친구의 형이랑 노는 건데

하늘에서 뭐가 내린다고 했어요? 아까?

아이 커피눈이요～～.

강명순 커피로 만들어진 눈이 와요? 오늘 어땠어요?

아이 너무 재미있었어요. 이런걸로 이렇게 표현할 줄 몰랐는데 이렇게 표현할 수 있어서 재미있었어요. 처음에는 어려워도 두 번째에는 쉽다.

강명순 잘했어요.

아이 제목이 상상의 꽃밭이예요.

강명순 상상의 꽃밭이예요? 여긴 누가 살아요?

아이 꽃들만 살아요.

강명순 오늘 어땠어요?

아이 못할 것 같았는데 하다 보니 재미있었어요.

강명순 하다 보니깐 멋진…….

아이 작품이 되었어요.

강명순 그럼 나도 멋진 작품이 될 수 있을까요?

아이 나는 음식물 쓰레기로 멋진 작품을 만들겠다.

강명순 와 잘했어요. 멋진 꽃밭에서 오래오래 재밌게 사세요. 수고하셨어요. 잘했어요.

아이 저 커피 밭에 수수가 잘 열린 것이고 동백꽃이 잘 핀 거예요.

강명순 커피 밭에서 어떻게 살고 싶어요? 친구는?

아이 커피를 잘 마시고 좋게 살고 싶어요.

강명순 좋게 사는 게 뭔데요?

아이 행복하게 살고 싶어요～～.

강명순 네～～. 행복하게 사세요.

아이 제목은 커피공원이고 이유는 길에도 커피콩이 있고 커피 꽃이 피어서

제목이 커피 공원입니다.

강명순 커피공원에는 누가 와서 살아요?

아이 사람들이랑 고양이~.

강명순 고양이. 집 없는 고양이까지? 와 좋은 생각을 많이했네요.

아이 커피공원은 커피를 마실 수 있으니깐

 커피공원에 많이 놀러 오세요~~~.

강명순 네. 수고했습니다.

아이 ……사람들이 어떤 생각을 해서 안 된다고 생각해도

 계속 하다 보면 결국 성공하게 되어 있어서

 모든 공간에. ……여러 공간이 있어서 예측불가구요. 시간도

강명순 시간도 예측불가구나. 모든 게 예측 불가여도 자기가 할 일은 각각

 갖고 있다고 말한 게 아까 참 감동적이었어요.

 그죠? 아주 수고 했어요~~.

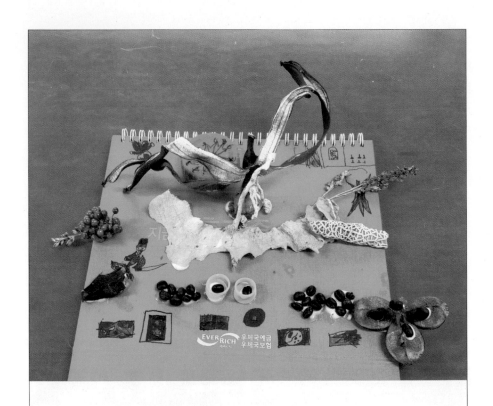

작품명: 예측불가의땅

작품설명: 벽에예측불가의 나무가솟아 있으시 글을알아볼수
없는시계와 거길로매알려 민어나서듯 걸어다는사람과
벽에여 측불가 한정도의 바다로연결된터널 과 하늘로연결된
터널과 아침인터널 과 밤인터널과 벽에 까칠까칠
가시가 솟아있언 더효요한 건 멕긴 인간들과 비슷하다
나쁜마음을좋은 사람은 까시가솟아 안 젓과비웃하고 어떤사람이
라오예측 불라하여 열심히 하는 사람 이어오 나중에가서 포기할땐
자리꿈을 포기할수밖에없다. 뭇바더 라오 열심히하 면 멋있고
하여 멋진 사람이 댈수잇다.

민룡현

제목: 커피길 공원

내용: 길이 제목처럼 커피로 되어 있다.
그리고 꽃도 피고 커피 꽃도 판다.
커피가 마시고 싶을땐 공원에가서 커피콩으로 커피를 만들수있다.
그리고 바나나무가 자란다.

느낀점: 아무리 쓰레기라도 작품이 될수 있다는 것을 알았고, 쓰레기는 무작
정 버리지 말자는것도 알았다.
그리고 바나나껍질, 사과껍질, 메론껍질, 동백꽃을 말려서도 작품을 만들
수있다는것을 알았다.
처음에는 쓰레기가 작품이 된다고 했을때 쓰레기로 만든다고해서 하기싫었는데, 막
상 완성하니깐 예뻐서 많은게 만들기 잘했다는 생각을 했었다.

To. 엄마에게
엄마! 내가만든거야. 재활용해서 음식 껍데기, 꽃말린거, 식물말
린것으로 만든거야. 쓰레기로 만든었는데도 예쁘지?
커피때문에 향도 많이 좋을거야. 되게잘만들었지?ㅎㅎ
책상위에 놓을게.

from. 은진 올림

제목: 낭낭의 정원

□먼저 달걀고ㅏ 사과 껍질로화분을 만들었고
□실론 껍질오 흙을 표현했다.
   원두콩 (커피콩) 으로 하트를 표현 햤는데, 그것은 식물들이
사랑 받부고 있다는것을 표현했다.
   이 작품를만들면서 느꼈다.   다른 사람들이 쓰레기라고
해도 이건은작품이 도를수있다는 것을 느꼈다.

제목: 커피콩밭

날짜: 2014. 5.

내가 커피 콩밭을 만든 이유는 커피향이 매우 좋기 때문이다.
나는 좋은 향기를 맡으면 기분이 좋아지기 때문이다.
그래서 커피향을 맡을 때 행복하다. 그리고 엄마께서
커피를 좋아하시기 때문입니다.

To: 어머니

먼저 오늘 엄마 때문에 커피밭을 만들었어요.
앞으로 좋은딸 되고 커피 좀만 드세요 걱정돼요 꼬옥
엄마 안녕히계세요

–먼지–

나의다짐: 앞으로 나는 쓰레기들을 버리지 않고 아름다운
작품으로 만들겠다.

이레지역아동센터 자랑하기

강명옥
(이레지역아동센터 센터장)

이레지역아동센터는 2010년 11월 개소를 하였습니다.
센터가 위치한 역촌동 일대는 재개발 예정 지구로써 저소득층이 많이 유입된 곳입니다.
센터를 개소한 후 아동들을 유심히 살펴보니 대부분의 아동들이 건강의 문제뿐만 아니라 정서적으로 빈곤한 아동들이 대부분이었습니다. 선생님과 눈을 맞추는 것도 피하고 수업 중에 "저요, 저요!"하며 발표하는 아동들은 거의 없었습니다.

센터를 개소하고 만 2년을 운영비 지원 없이 운영하다 보니 아동들을 위한 정서지원에는 많은 고민이 있었습니다.
그러나 문화 바우처를 활용해 바이올린 수업을 시작하게 되었는데 아동들의 참여율이 높았고, 불과 몇 달 사이에 간단한 곡이나마 연주하는 아동들을 보며, 이 아이들을 무대에 세우면 아이들에게 큰 자긍심이 생기지 않을까 싶어서 발표회를 기획하게 되었고 큰 무대를 선사하기 위해 2011년 은평 문화 예술 회관을 대관하여 첫 겨울 콘서트를 열게 되었습니다.
센터이용 아동들의 바이올린 연주와 중고생들의 춤 공연, 그리고 MR을 활용한 노래공연이 있었습니다.
또한 가수 분들의 재능기부를 이끌어 내어 아동들과 한 무대에서 공연하게 하면서 아이들에게 신나는 시간을 만들어 주었고 가족들도 초청되어 함께 즐거워하는 시간을 갖게 하였습니다.

이 겨울 콘서트를 시작한 후 아동들이 지속적으로 발전하도록 하기 위해 1년 2회 여름, 겨울 콘서트를 은평문화예술회관에서 개최하여 현재까지 총 6회의 콘서트를 개최하였습니다.

그런 가운데 아동들은 지긋심이 생겨나고 쭈뼛쭈뼛하던 모습들은 사라지고 자신감이 생겨나게 되었습니다.

바이올린뿐만 아니라 2012년부터는 자원봉사자들을 강사로 하여 초등, 중고등 밴드를 결성하여 활동하고 있고 이들은 지역사회의 여러 행사(동정 보고회 초청 공연, 역촌동 노인복지관 공연, 역촌 마을축제 등)과 영등포 타임스퀘어, 서울 시청 다목적홀에서도 공연하는 등의 활발한 활동을 하고 있습니다.

아동들에게 음악적 접근을 하고 이들을 큰 무대에 세운 것이 긍정적인 역할을 하여 적극적이며, 활동적인 모습들로 변화하고 있습니다. 또한 학교 공부에도 뒤쳐지지 않도록 다방면으로 학습 봉사자들을 모집하고 그들을 통해 학습도 뒷받침이 되면서 아동들은 한층 더 자신들의 꿈의 나래를 활짝 피우는 것을 볼 수 있습니다.

그래서 아주 작은 탁상용 달력 뒷면에 30분만에 업 싸이클링 힐링 아트를 하면서 쓰레기에 생명과 가치와 사랑을 담으라는 강명순 이사장님의 말씀과 칭찬처럼 유난히 더 아주 창의적이고 상상력을 잘 표현하고 예술성도 높고 자신의 생각도 또박 또박 잘 표현한 우리 이레지역아동센터 아이들이 참 자랑스럽습니다.

산토끼가 밤에 심심해서 밤하늘에 돌아다닌다(중1)

저는 커피눈을 만들었습니다. 눈은 커피로하였습니다.
그리고 제가 겨울을 좋아해 커피눈을 만들었습니다.

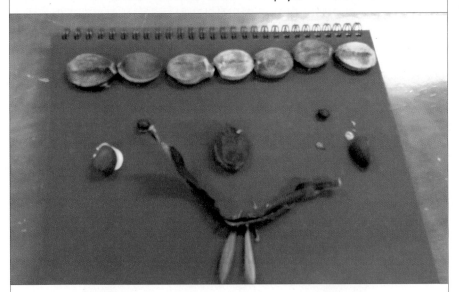

작품제목 : 내 얼굴
작품설명 : 이 그림은 미래에 향한 내 웃는 얼굴을 나타낸 얼굴입니다.

사례 4. 마음으로 보는 꽃과 꽃게
– 안산시립 예은신나는집 지역아동센터

2014년 6월 10일 초등학교 저학년 고학년

이번 활동은 산에서 나는 솔방울, 말린 나뭇잎, 말린 꽃잎과 바다에서 나는 말린 꽃게 껍질, 꽃게 다리, 홍게의 긴 다리, 다양한 조개껍질 등을 함께 이용하는 작품 활동입니다.
작품에 필요한 재료를 준비하는 과정에서 아이들과 함께 이 재료들이 사는 곳을 비교하고 어디서 어떻게 우리들에게 왔을지 이야기를 나누어 보고, 산과 바다의 다양한 재료를 함께 사용하여 통합적인 사고를 하고 사는 곳이 달라도 서로 소통하고 협력하면 아름다운 작품으로 거듭난다는 사실을 체험할 수 있도록 합니다.

준비물
산과 바다의 열매 및 과일껍질과 야채 뿌리의 특성을 이용하여 작품을 만들 수 있도록 조금 넓직한 박스, 목공용 본드, 말린 게 껍질, 조개껍질(백합조개, 홍합, 바지락, 꼬막, 가리비, 소라, 전복 등 다양한 조개껍질을 준비해 주세요) 등 바다에서 구할 수 있는 다양한 재료와 함께 산에서 구할 수 있는 솔방울, 마른 낙엽, 말린 꽃, 억새풀 등 다양한 재료를 활용해 보세요.

강명순   자. 반갑습니다. 여러분
　　　　　자기 앞에 있는 종이 상자 색깔이 마음에 들어요?

강명순	그런데 우리 지난 5월에 우리가 만들고 싶은 것만 만들었죠?
강명순	오늘은 뭐 만들까요?
아이들	의논해야죠.
강명순	의논을 하자고요~~.

(2014년 5월에 1차로 만든 작품을 지역아동센터 2층에 전시해 둠)

강명순	그러면 5월달에는 자기가 만들고 싶은 거, 하고 싶은 것을 자기 뜻대로 만들었는데 오늘이 몇 일이예요?
아이	유월달 6월 11일요.
강명순	그럼 2014년하고 1월 2월 3월 4월 5월 6월. 2014년 6월이라서 한해의 반이 지나 갔는데 여러분이 그동안 배도 아프고 속상하고 짜증나고~~. 그런 날들을 잘 참아 왔죠? 학교도 어떨 땐 가기 싫은 날도 있었고. 엄마가 미울 때도 있었고 좋을 때도 있었죠. 엄마가 미울 때가 있었어도 가출 안하고 잘 살았지. 그치? 아~~. 나는 참 착하다~~. 이 착한 나에게 선물을 만들어볼까 하는게 첫 번째 생각인데요.
아이	만들어서 집에 가져가도 되나요 선생님?
강명순	그럼요. 가져가도 되죠. 그런데 다른 지역아동센터에서는 바닷가에서 나는 조개껍질만 가지고 작품을 만들고 또 나무를 심는 학교에서는 꽃이나 솔방울만 가지고 만들었는데 여기 예은지역아동센터에서는 박효민 선생님이 여러분을 사랑해서 전복껍질, 조개껍질, 꽃게, 가리비처럼 바다에 사는 것과 산에서 사는 솔방울 그리고 꽃 이파리를 말려서 준비해 주셨어요. 수박껍질을 얇게 벗겨서 잘 말리고, 수선화 꽃도 잘 말렸죠. 커피콩, 마늘종, 파 뿌리, 먹다 남은 가래떡 말린 거, 피망씨앗, 홍게 다리, 꽃게 다리는 제가 가져 왔어요. 여러분 좋아라고.

(마음놀이 생각놀이 체험 활동장소가 협소하여 준비해 간 상자를 미리 책상
위에 교사가 얹어 두고 아동들이 상자를 선택해서 자리에 앉도록 함)

강명순 그런데 바다에서 나는 것은 뭐예요?

아이 해물~.

아이 꽃게~.

아이 꼬막~.

강명순 네. 그렇죠. 그다음에 모시조개도 있어요.

모시조개 껍질도 있어요. 그런데 전복껍질도 있죠.

아이 홍게~

강명순 네. 홍게~. 홍게를 아네요? 여러분이 왜 강 목사님만 꽃게 가지고 작품 만들고 우리는 준비해 주지 않느냐고 해서 일부러 홍게를 제가 사서 먹고 다른 꽃게들의 다리도 잘라서 말려 가지고 홍게랑 같이 가져 왔어요~~. 기분이 좋아요?

바다에 사는 홍게가 예은 친구들 만나서 "나 작품으로 만들어 줄래요?" 물어보죠. 또 땅 위에서 사는 건 뭐가 있을까요?

아이 솔방울~

아이 나뭇잎~

아이 개미~

강명순 그런데 개미가 저기 말라 있나?

그런데 저기 있는 재료를 보면 궁금하죠?

그런데 꿈이 있는 푸른학교 지역아동센터에서는 저기 있는 재료 중에 바다에서 나는 것으로 만 만들기하고 다른 지역아동센터에서는 땅에서 나는 재료로 만들었는데 예은 신나는집에서는 바다와 땅 모든 곳에서 살고 있는 재료가 준비되어 있어요. 모두 다 합쳐서(통합) 만들어요! 오늘은 자기가 그동안 잘 지냈으니까

"나는 참 착하다. 오늘 어떤 선물을 나에게 줄까?" 하고 생각해 보면서 만들어 보는 거 싫어요? 좋아요?

아이들 좋아요.

강명순 좋죠. 그럼 우리 같이 한번 구경해 볼까요?

자기 박스를 가지고 나는 어떤 재료를 가지고 만들면 좋을까? 생각해 보세요. 이건 뭘까요? 가래떡 말린 거예요~~.

아이 먹으면 안 되요?

강명순 먹으면 안 되지요. 너무 딱딱해요.

자, 이제 대충 봤으니까

이렇게 좋은 걸 마련해 준 선생님께 박수~~~!

강명순	자 이걸 여기다 붙여 보세요. 조개가 힘이 세니깐.
아이	안 붙어요~.
강명순	붙게 할 수 있어요. 이 조개 가장자리 따라 동그랗게 목공본드를 붙이면 되죠. 어디다 붙이고 싶어요? 조금 말라야 되요.
	이게 가장자리로 가야 박스와 만나는 지점이 되죠.
	어머, 이 조개는 어디 살다 왔을까? 바다 어디? 색깔이 다르네?
	가르비 조개는 동해에서만 사는게 아니라 서해바다, 남해바다 여기저기서도 살아요. 오, 여기 맛조개도 있네요?
아이	소금뿌리면 쏙 나오는 맛조개예요.
강명순	그렇지. 아빠 어디가 TV 프로에 나오는 맛조개지요.
	소금 뿌리면 쑥 나오는 맛조개 갯벌체험에 나오는
	맛조개 집이 이거지요?
아이	조개 안에 진주 들어 있는 것도 있던데.
강명순	그렇지. 진주조개~~
아이	진주조개는 엄청 커.
강명순	그런데 진주조개는 찾기 어려운데 자기가 조개 몸속에 그 진주를 만들기 위해 엄청 힘들 걸. 우리 걸을 때 운동화 속에 돌이나 모래알 있으면 걸을 때 엄청 불편하지? 그런데 진주조개는 부드러운 자기 몸 속에 딱딱한 게 들어 와 있으면 엄청 불편할 텐데. 그지? 그래서 자기가 그 불편한 걸 막기 위해서 액체를 계속 내보내죠. 그 액체가 뭉쳐져서 굳어지면서 진주가 되는 거래요. 여기 전복이랑 꽃게랑 조개들은 자기들은 바다에서 살다가 여기 왔으니 기분이 어떨까요?
아이	슬퍼요.
아이	마음이 안좋아요.
강명순	마음이 안좋을 거 같아요? 그러니까 꽃게야 미안하다.
	홍합아 미안하다~~~~~~~아.
	그렇지만 내가 널 멋지게 작품으로 만들어 줄게.
	그러면서 만들면 재미있을 것 같지. 와, 잘 만들었다.
	다 만들었으면 선생님한테 종이 주세요.
	나한테 편지 쓸 거예요.
아이	욕심 부리면 큰 최후를 맞게 된다는 그런 내용이예요.
	이게 팔이구요. 이게 다 보물인데요.
	욕심 부리다가 나를 때리는 우리 형아 팔이 부러진 거예요.

강명순   이건 아까 뭐라고 그랬는데.

아이   어깨에 짊어진 보물이요.

강명순   어깨에 욕심 부려 얹어 놓고.

아이   머리에도 있고. 그러다가 팔이 부러지는 최후를 맞게 되요.

강명순   멋지다. 멋지죠.

아이   네. 저는 저의 미래를 나타낸 거예요.
　　　　제가 포크레인에 앉아 있고 지금 땅을 파는 거예요.

아이   제가 군대에 가 있을 때 이런 곳에서 전투를 하는 것 같아서 그냥 해
　　　　봤어요.

아이   이건요. 제 미래의 꿈을 이루기 위해 미래에 꿈을 전달해 주는 컴퓨
　　　　터예요. 조개로 키보드와 마우스를 만들고 본체를 만들었어요.

강명순   오! 대단한 과학자다! 조개껍질로 키보드와 마우스하고 본체를 다 만
　　　　들었어요. 오늘 재밌었어요? 다음에 또 하고 싶어요? 제가 재료를 놔
　　　　두고 갈 테니까 다음에 시간이 날 때 또 하세요. 그럼 여러분 수고하
　　　　셨습니다. 우리 박수 치고 끝내겠습니다.

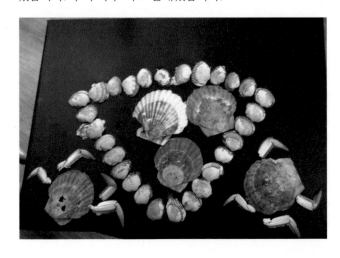

나연아 이거니 탱크앗
가져도돼 · 알아써 !

미래의 내 꿈을 이루기 위해 미래의 꿈을 전달해 주는 조개 키보드 조개 마우스와
조개 본체 컴퓨터예요.

학수야

난 6월 10일에 널야.

이거의 제목은 널 위한 선물이야

모르는 계급도 있고 아는 계급도 있겠지만

니에 군데 가 있을때 이 ~~ㅇㅇ~~ 의 상황 처럼

용감하게 싸워야해 ~~ㅇㅇㅇ~~ 하늘계신 어머니

아버지 ~~ㅇ~~ 할아 버지할 머 듯등이 기어하실거야.

오늘날
2014 6.10일

미래의날
아무나

과거에 학수가

형다에게

① 이 곽풍이 뜻은 욕심부리면 큰 화루를 맞게 된라는 뜻이야
전복 껍데기는 보요. 게의 부러진팔은 큰화우야 보요 욕심부리게 되면
큰화류를 맞게되. 아게 욕싱 많이부리지 마음

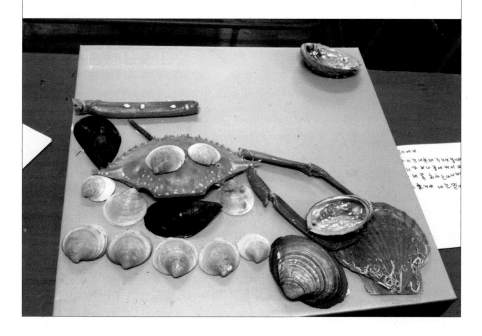

생명과 희망을 불어 넣어 주는

박효민 복지사
(안산시립지역아동센터)

업 싸이클링 힐링 아트 테마는 다양하다. 마음의 치유와 생명력을 주는 희망을 담고 있다. 서로 소통할 수 있는 통로가 되고 봄 햇살처럼 포근한 삶의 정서가 담겨 있다.
아이들이 만든 작품은 '마음으로 보는 꽃'으로 표현하고 있다.

가난하고 힘들었던 어두운 터널을 벗어나 밝은 세상의 빛을 담고 있다.
힘들었던 마음을 누군가에게 터놓고 말하고 싶지만 굳이 말하지 않아도 자신의 작품을 만들면서 마음을 열게 된다.

업 싸이클링 힐링 아트는 재료마다 특징과 의미를 가지고 자유롭게 표현할 수 있다는 것이다.
작품을 만들기 위한 재료는 모두 생활 속 자연에서 누구나 손쉽게 구할 수 있다는 장점을 가지고 있다. 음식을 만들고 난 후 버려진 쓰레기와 나뭇잎, 꽃잎 과일껍질을 말린 것, 바닷가를 연출케 하는 다양한 해물 종류의 조개껍질과 꽃게, 생활에서 재활용품을 활용할 수 있는 재료가 얼마든지 많다는 것이다. 조금만 노력하여 재료를 건조시키는 수고를 한다면 풍요로운 작품을 만들 수 있다는 것이다.
요즘은 모두 만들어진 재료를 돈으로 사서 사용 한다면 전혀 비용이 들지 않는다는 장점이다. 또한 작품을 만들기 위한 액자는 쓰레기통에 버리게 되는 예쁜 빈 상자를 모아서 재활용해서 사용하면 된다.

지역아동센터에서 아이들과 졸업생, 부모님들과 작품을 만들어 전시회를 했다. "쓰레기를 가지고 어떻게 작품을 만들 수 있어요?" 아이들은 설마 쓰레기로 작품을 만들 수 있을까 하는 의문을 가졌지만 강명순 목사님께서 자세하게 설명을 해 주시자 관심과 호기심이 컸다. 작품 재료를 스스로 선택하여 자유롭게 작품을 만들었다. 완성된 작품을 보고 서로 감탄하고 칭찬과 격려를 아끼지 않았다. 작품에 대한 제목을 넣어 글을 쓴 솜씨도 따뜻한 마음과 내면의 소리를 들을 수 있다. 아이들은 진짜 "내가 만든 작품이 맞나요?"라고 실감이 나지 않는다면서 기뻐했다. 부모님들께서도 함께 작품을 만들면서 내면의 아픈 마음과 다양한 욕구를 작품에 담아 내고 새로운 경험을 하게 되었다면서 감사와 행복하다는 말씀을 표현했다.

얼마 전 일이다.
업 싸이클링 힐링 아트가 주는 행복을 다시 느낄 수 있었던 계기가 있었다. 마음이 조금 산란하여 오랜만에 산에 올랐다.
산에 올라 맑은 공기를 마시고 초록빛 나무와 숲을 보면서 조용히 기도를 했다. 한결 마음과 정신이 맑아짐을 느꼈다. 예수님께서도 왜 힘든 고통이 올 때 마다 외딴 곳으로 가서 기도하시고 산에 오르셨는지 알 것 같았다. 하늘을 향해 구름을 바라보았다.
그 순간 앞에 커다란 소나무가 무성하게 자태를 뽐내고 있었다.
솔방울이 어찌 그리 곱고 예쁘게 달려 있는지……. 너무 크지도 않고 올망졸망 동그랗고 예쁜 솔방울이 센터 아이들을 닮은 것 같았다. 이것으로 작품 만들기를 해도 참 좋겠다는 생각에 떨어져 있는 솔방울을 줍기 시작했다. 솔방울을 주우면서 소나무의 기운으로 서서히 발끝에서부터 생명력이 올라오고 있음을 느낄 수 있었다.
옆에 지나가던 한 아주머니께서도 주어 주시면서 "솔방울로 뭘 하시려고 주우세요?"라고 물으셨다.
"아이들과 예쁜 작품을 만들려고 주워요."라고 말했다. 솔방울을 주우려면 허리를 굽히고 자세를 낮추어야 했다. 바로 예수님께서 깨달음을 주신 것이다. 이처럼 업 싸이클링 힐링 아트는 자세를 낮추는 가장 낮은 자의 겸손함을 배우게 하는 것이라고 생각한다. 어린아이와 같은 마음으로 순박하고 순수한 거짓이 없는 작품을 만들 수 있다는 것을 부족하지만 감히 말할 수 있을 것 같다. 모두에게 생명과 희망을 불어넣어 주고 마음과 상처를 치유해 주는 겸손한 자의 작품세계로 초대되기를 바란다.

내가 새로 태어난 세상

박호민

메론 껍질 조각조각 구름 만들고 바다와 꽃밭 만들고
조개껍질과 홍합껍질 나비 만들고 징검다리 연못 만들고
호박씨, 구기자가 연못가 금붕어로 변신성공
포도송이 포도알 다 먹고 남은 앙상한 뼈 조개껍질과
친구 되어 나무가 되고
생일축하 촛불 켜고 남은 촛대 무지개가 되었죠.
먹고 남은 초콜릿 상자와 무말랭이로 계단 만들어
사랑이신 예수님을 만났지요.
그 분의 음성이 귓가에 메아리쳐 울립니다.
애야! 사랑한다. 넌 할 수 있어. 일어나라. 모두 소중한 친구들
힘내어라. 다 함께 힘껏 날자.
버려진 쓰레기가 친구들을 만나 아름다운 세상을 만들고
아름다운 세상에 내가 새로 태어나 행복합니다.

사례 5. 미래의 숟가락 로봇 만들기
– 스스로 함께 지역아동센터

2014년 6월 11일 초등학교 저학년 고학년

이번 활동은 우리가 그냥 쉽게 쓰레기로 생각했던
플라스틱 숟가락 등 다양한 일회용품들을
이용한 작품 활동입니다.
작품 재료들을 직접 고르고
만들 작품을 상상하게 하면서
아이들이 다양한 재료로 미래의 생활을 상징하는 것을
멋지게 표현할 수 있도록
상상력을 마음껏 펼칠 수 있게 도와주세요.

준비물
함께 공동작품을 만들 수 있도록
크기가 큰 박스, 목공용 본드, 달걀판, 일회용 숟가락,
휴지심, 종이컵, 플라스틱 그릇,
일회용 숟가락, 음료수 뚜껑, 한복 천조각 등
일상생활에서 쉽게 구할 수 있는 다양한 재료들을 활용해 보세요.

강명순 오늘은 스스로 함께 친구들과 재활용 물건을 가지고 우리가 한번 쓰
      고 버려야 했던 그런 쓰레기지만 여러분 손이 닿으면 이런 종이도 예
      쁜 작품이 될 수 있죠? 오늘은 이런 한복 천이나 플라스틱을 가지고
      여러분이 생각을 펼치는 시간이 될 거예요.
      재미있을 것 같아요?

아이들 네!

강명순 그런데 오늘은 다른 지역아동센터에서는 한 사람이 한 작품을
      만들었는데 원래 스스로 지역아동센터였으면 한 사람이 만들었을텐
      데. 스스로 다음에 뭐가 있어요?

아이들   함께~~~!

강명순   그렇죠. 스스로 함께 지역아동센터이기 때문에
  혼자서 하지 않고 함께 하는 작품을 만들 거예요.
  합체 잘할 수 있죠?

아이들   네!

강명순   약속!
  저쪽은 선생님이 말하는데 집중 안 했으니깐 여기서부터. 천천히 줄
  서서 오세요. 자기 박스 가져와야 돼요. 한 팀에 하나씩 큰 재료는 나
  누어 가져 가세요. 조금씩만 나누어 가져 가세요.

아이   선생님 쟤는 작품 재료를 낭비하고 있어요. 사이코패스예요!

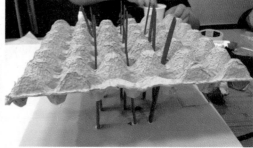

강명순   일본 사람들이 쳐들어 왔을 때 바다에서 이순신 장군이 싸운 거북선의
  밑에 있는 모습 같이 잘 만들었는데요. 친구보고 사이코패스라는 말은
  하지 말랬지요? 이제 각자가 만든 작품을 합체 합시다~~ 합체!

강명순 이제 나와서 같이 만든 작품 설명을 해 보세요.

아이 이것은 자이드롭이고, 이것은 정체불명의 컴퓨터구요.
이건 회전목마고 이건 막 돌아가는 거.
이건 수영장～～. 이건 미끄럼틀. 이건 범퍼카예요.

강명순 오늘 만들면서 재미있었나요? 처음에는 조금 마음이 안 맞았지만 나
중엔 마음이 잘 맞았죠? 우리 스스로 함께 이끌어 나가는 형아들은
멋있죠? 아주 잘했습니다. 박수 쳐 주세요.

아이 여기는 놀이동산을 만들었어요. 이거는 미끄럼틀이고 여기는 잠자
면서 쓸 수 있는 소파랑 연결되어 있는 기차를 만들었습니다.
그리고 여기는 동물을 만들었습니다. 용입니다.

강명순 용 잘 만들었어요. 여러분 잘 들었죠? 밥 먹고 쉬고 놀고. 용이 날아가는
걸 보면서 아이들이 놀 수 있는 복합 놀이 공간입니다. 잘 만들었죠?

아이 이건 용의 한 쪽 날개구요. 이건 숟가락이 들려져있는 사람들이 앉아
타는 기구예요. 이건 용입니다.

강명순　자. 설명해 주세요.

아이　이건 주방이고, 이건 거실이고, 이건 목욕탕입니다.

　　　여긴 의자고, 여긴 분수대입니다.

강명순　여러분 잘 만들었죠? 박수 쳐 주세요.

　　　오늘 여러분 재미있었어요?

아이들　네~~~!

강명순　그럼 여러분 다음에는 이걸 가지고 왜 우리가 스스로 함께 작품을 만들었는지 글씨 써 주실 거예요.

　　　그럼 꿈이 있는 푸른학교, 나무를심는학교 지역아동센터랑 이레지역 아동센터에서 만든 책자를 선물로 줄테니 밥 먹고 가져가세요.

　　　오늘 제일 재미있었던 건 선생님들이 악어를 만들었어요.

　　　(선생님들이 아이들 옆에서 작품 만드는 것을 도우면 간섭하게 되고 아이들은 의존하게 되므로 따로 작품을 한쪽에서 만들도록 하였는데 엄청 신나게 열중해서 선생님들끼리 만들었답니다.)

선생님　계란판과 포크를 이용해서요.

　　　계란판을 뒤집으면 악어처럼 울퉁불퉁하잖아요.

　　　그걸 착안을 해서 악어를 만들었구요.

　　　병뚜껑으로 악어 눈을 만들었구요.

　　　지금 보이진 않는데 악어 입이 벌어져 있어요.

　　　그래서 속에 헝겊을 이용해서 우리 황신희 학생이

　　　악어의 혀를 예쁘게 만들었답니다.

강명순 우리 선생님이 악어 만든 거 재미있죠?
아이들 네.
강명순 여러분 다음에는 악어보다 더 멋진 작품을 소개합니다!
아이 공룡～～!
아이 드래곤～!
강명순 공룡～, 드래곤～ 만드세요. 그럼 여러분 오늘 수고 많으셨어요.

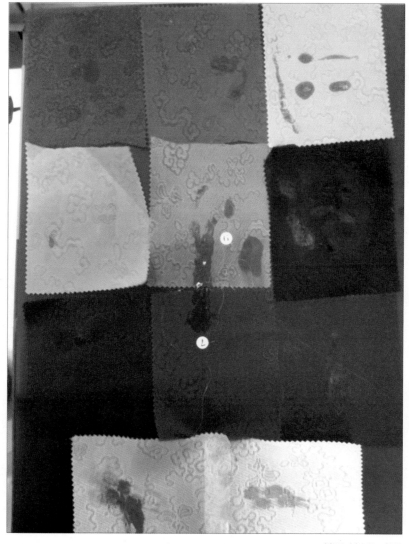

화목한 우리집

미래의 우리집

엘사 공주의 집

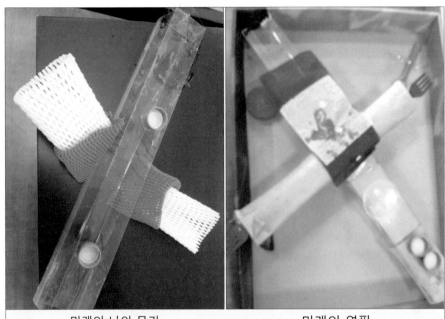

미래의 나의 무기   미래의 연필

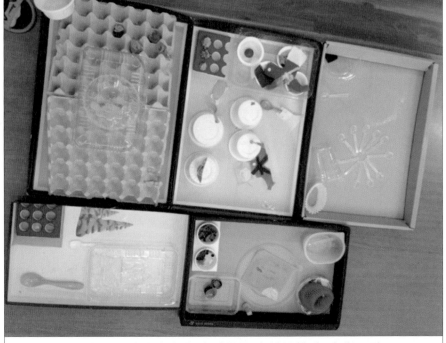

미래의 놀이터에서 우리 가족들이 행복하게 지내는 것

공부해 주는 붓

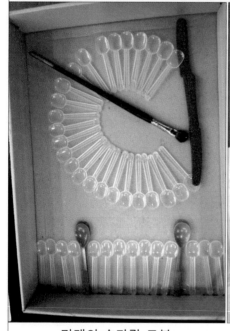

미래의 숟가락 로봇

자이로드롭

교사가 바라본 아이들의 작품세계

조현정
(스스로 함께 지역아동센터 센터장)

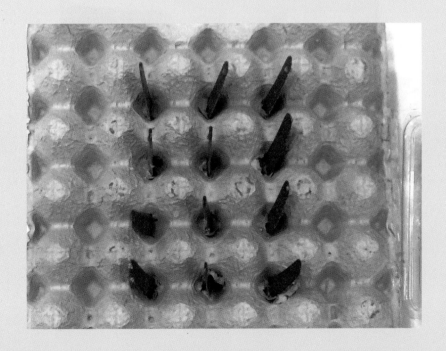

평소 민석이(가명)는 사람들의 약점을 잡아서 약 올리거나 트집을 잡아서 센터 아동들의 원성을 샀던 아동이다. 이러한 아동의 행동이 업 싸이클링 하면서 바로바로 나타났다. 선생님이 계실 때는 가만히 있다가도 선생님이 안 계실 때는 만들고 있는 친구들 옆에서 조그한 목소리로 계속 약을 올렸다. 그러다 보니 약이 오르는 친구들이 넌 "사이코패스야." "또라이야." 등등 욕 하는 것을 가만히 다 듣고 있었다.

옆에 계셨던 강목사님께서 욕하던 친구들을 제재하고 민석이를 두둔해 주었다. 같은 또래 준영이(가명)는 민석이를 더더욱 약 올리고 억울한 자기의 마음을 구체적으로 전달하지 못하는 약점이 있는 민석이를 이용하여 선생님께 충분히 지지와 동정을 받는 아이다.

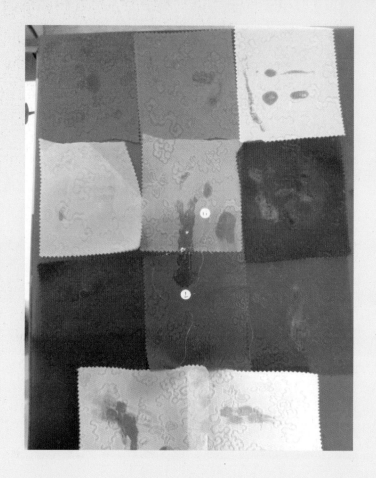

목사님께서 한복 천 비단 샘플 조각 묶음을 가지고 오셨다. 과연 우리 아이들이 어떻게 사용할까 궁금했다. 생각 이외로 아이들이 이 천조각을 서로 가지고 하겠다고 욕심을 부리는 모습을 보였다. 이유가 궁금했다. 왜 그럴까? 센터의 4학년 우진(가명)이는 다문화 가정의 아동으로 아빠가 필리핀 분이고 엄마가 한국분이시다. 세 살 때 이혼을 해서 엄마는 다른 분이랑 재혼하셔서 살고 계시고 아빠는 2교대 근무를 하시는 곳에 일을 하셔서 아빠가 저녁 때 일을 해서 직장에 가실 때는 우진이는 자기보다 한

살 어린 동생이랑 집에서 밤을 보내야 한다. 언제나 겁이 많고 울보라는 별명을 가지고 있는 우진이는 매사가 울거나 짜증으로 자기의 생각이나 감정을 표현하다.

우진이한데 왜 천 조각으로 이렇게 했어 라고 물어 보니 한복 천의 느낌이 좋아요!! 그리고 따뜻하잖아요..우진이는 평소에 스킨쉽과 안아 주는 것을 매우 좋아한다.

"우진아! 선생님이 사랑해~~" 하면 "네~~ 저도 알아요" 하며 웃으면서 자기 자리로 가서 앉는다.

업 싸이클링을 진행하면서 아동들 중 평소 문제되었던 문제점들이 바로바로 표출 되었고 그것이 나쁜 것인지도 모른체 행동하였다. 개인작품 할 때도 옆의 친구들을 간섭하고 방해하고 하더니 공동작품 할 때는 서로 헐뜯고 자기 고집을 피우고 이기적인 모습을 보여 주었다. 프로그램을 진행하시던 목사님께서 바로바로 아이들 문제 속에 들어가 개입하셨고 잘못된 부분을 지적하시기 보다는 긍정적인 칭찬들을 해 주셨다. 평소에 칭찬을 잘 듣지 못했던 아이들 얼굴 표정이 한층 밝아졌다.

프로그램을 마치고 주변을 정리하고 있는데 한 아이가 와서는 귓속말로 "천 조각 주시면 안돼요? 가지고 싶어요!" 하며 천 조각을 만지작거렸다. 한복집에서 사용하지 않는 비단 한복 천 묶음에서 10개를 뜯어서 주었다. 아이가 웃으면서 "감사합니다~". 라고 연신 인사를 하며 자기 가방에 넣어 가지고 갔다.

아이들 스스로가 재활용품을 이용하여 멋진 작품을 만들었다는 뿌듯함과 자기들의 생각과 그러한 것을 통하여 나온 작품에 대해서 발표할 수 있는 기회를 가질 수 있었던 새로운 경험이었다.

제4장

마음놀이 생각놀이
Up Cycling Healing Art
함께 준비하기

곽지언(초2), 대구 누리글터 지역아동센터, 2014

1. 가정이나 어린이집이나 지역아동센터 등 아동 청소년들이 활동하는 모든 공간에서 발생되는 음식물쓰레기, 생활쓰레기를 아동들과 의논하여 깨끗하게 씻어서 햇볕에 말린다.

과일껍질이나 야채 껍질이 마르는 과정을 관찰하며 일지를 쓰거나 함께 이야기 나눈다. 그러면 관찰력이 증가하고 과학적 호기심을 자극하고 생명의 가치를 알게 된다.

2. 쓰레기들이 새롭게 작품이 될 수 있다는 마음 바꾸기, 생각 바꾸기, 인식의 전환 준비과정이 필요하다.

쓰레기는 무조건 버리는 것이 아니라 쓰레기를 어루만지며 재미있게 놀면 예술작품으로 새로 태어난다는 것을 경험하게 하는 PPT나 간접체험 책자(생명 사다리 3, 4, 5)들 또는 이미 만들어진 작품을 보여 주며 동기 유발을 한다. 특히 세 살 유아의 작품을 보여 주었을 때 초등학교 아동들은 많은 도전을 받았다.

천국에서 하나님이 내려다 보는것
김재유(초6)
쓰레기로 작품을 만드니깐 재미있었고
쓰레기로 작품 준비물이 돼서 신기했고
직접 만들어 보면 계속 상상이 떠오른다
쓰레기도 작품을 만드는 것 누구나 한다
3살짜리 아기도 했다고 해서 놀라 왔다
나의 작품은 천국에 있는 하나님이
떠올라서 작품을 만들었다
정말 재밌고 즐거우니 꼭 해보세요

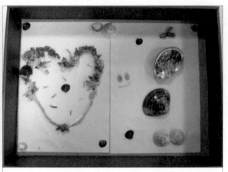

땅하고 바다. 이은이 (초6)
제가 만든 작품은 바다와 땅입니다.
왜야하면 제가 땅과 바다를 좋아하고
재윽롭게 꾸였어요. 그 때 강목사님
책 봤는데 어욱 좋았 보였어요.
또 다시하고 싶꼬에요 아숩워요.
다음에 또 만드어요.

이뻔이
이다빈(초1)
쓸데없는 쓰레기
쓸모없는 쓰레기
내 손 거쳐 하나의 예술작품
내 작품이 제일 예쁘당~

3. Up Cycling Healing Art 작업을 진행하는 교사의 가치전환과 신뢰와 인내가 기본조건이다.

쓰레기를 이용한 Up Cycling Healing Art가 생각을 풍성하게 마음을 편안하게 해 주는 예술작품을 만드는 과정에서 생명이 없는 쓰레기가 아동들을 즐겁게 해 주고 재미있는 활동이 된다. 또 치유력이 있음을 준비하는 선생님이 알고 진행하면 특별하게 강조하지 않고 자유로운 분위기에서 마음껏 재료를 선택하여 충분하게 작품을 만드는 시간을 주기만 해도 다음과 같은 결론에 이르게 된다. 재미있고 뿌듯하고 다음에 또 하고 싶고 쓰레기도 아껴야겠다.

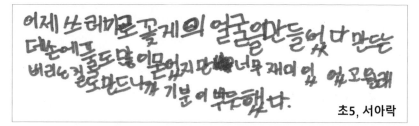

어제 쓰레기로 꽃게의 얼굴을 만들었다 만든 다음에 글도 많이 어물었지만 너무 재미있었고 쓰레기로 만드니까 기분이 뿌듯했다.

초5, 서아락

제목: 하트

이 작품은 그냥 하트가 아니라 세월호 언니, 오빠들에게 희망의 물결소리를 듣게 해주려고 만들었다. 세월호 언니, 오빠가 잘 살고 하늘에서 잘 지냈음 좋겠다. 나는 조개, 홍합으로 만드니깐 재미있었다. 또 하고 싶다.

초2, 임유진

제목: 기쁨의 성

작품을 만드니까 재미있고 기뻤다 그리고 작품을 보니까 뿌듯했다 나는 세월호 형 누나들이 내 작품을 보고 하늘 나라에서 행복하게 살았으면 좋겠다 그리고 다음에도 작품을 만들고 싶다

〈초3 조준수〉

세잎 조개 클로버(중3, 조희승)

또 조개 껍데기로 이런 경험을 한다는게 흔하지 않아서 재미도 있었고 조개 이름도 알아가며 배우기도 한다는게 너무 좋았다. 그리고 내가 이것을 만들면서 집중을 했는데 내가 이런 집중력을 해가며 했다는것이 너무 신기했다.

바다에 사람이 있다(초5, 하유진)

세잎 조개 클로버(중3, 조희승)

바다에 사람이 있다

왜 내가 이 사람을 만들었냐=면 바다속에는 사람
이 우글우글 많기 때문이다 내가 이 조개가
고사람을 만드니까 이제 조개도 우리들의 생
명같은거 처럼 버리지 말고 아껴써야
겠다 나는 이 조개를 만들면서 기분이
아주 좋았다 직접 조개를 만들어보니
까 재미있다 또 다시 만들
어 쓰면 좋겠다. 참 즐거웠
다. 또 했으면 좋겠다.

연은 초등학교 5학년 4반
하유진

상상의 정원(초5, 천은영)

먼저 달걀과 사과 껍질로 화분을 만들었고
멜론 껍질로 흙을 표현했다.
윈두콩 (커피콩)으로 하트를 표현 했는데, 그것은 식물들이
사랑 받고 있다는 것을 표현했다.
이 작품을 만들면서 느꼈다. 다른 사람들에 쓰여지라고
해도 어떤 작품이 도움 될 수 있다는 것을 느꼈다.

4. 작품 재료를 잘 정리해서 아동들이 재료의 강점을 찾아 쉽게 선택하도록 하면 재료 자체가 가진 생명력과 교감이 일어나 더 좋은 영감을 얻어 상상력을 충분히 발휘하게 된다.

5. 친환경 목공본드와 상품 포장용 재활용 종이상자와 철이 지난 탁상용 달력 등을 준비한다.

    나는 종이상자가 아동을 위해 많이 필요할 때는 쓰레기 분리수거 날 예쁜 상자들을 수시로 몇 개씩 찾아내어 햇볕에 소독하여 보관했다가 아동들에게 제공한다. 종이상자 바탕색이 흰색인 것이 많아서 색도화지를 붙여 보완하면 작품이 더 돋보인다. 빈 생수 1.5리터 짜리 윗부분을 절단하여 색 테이프로 안전하게 마무리한다.

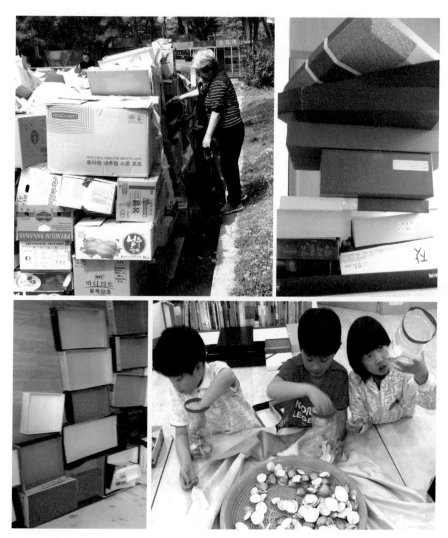

제5장

우울증 앓으며 절망하고
자살하려는 사람을 살리는
생명사랑 생명나눔 생명사다리
마음놀이 생각놀이
Up Cycling Healing Art

최문정 선생님(안산 보라매 지역아동센터) 2014. 11. 22.

그동안 저자와 아동들이 만든 작품을 생명을 살리는
생명사다리 팸플릿에 수록하여 2,000부를 만들어 대학생, 중 · 고생과 우울증을 앓는
빠삐용 상담 주민과 관심병사들에게 배부하였고, 대부분 회복됨

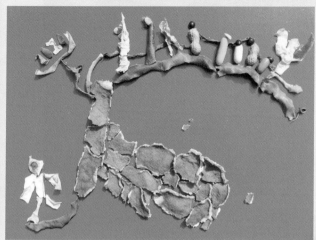

잠깐! 기다려 주세요.
바나나껍질같이 힘들어서
주저 앉아 있는
저 아이도 데리고 가요.
우리가 사랑해줄게 힘내라 힘내
일어나라 빛을 발하라.
같이 가자 함께! 내 손잡고
일어나! 넌 할 수 있어!
그때 넌 무서웠어~~~
잊어버려 다시 시작하자.
차근차근 생각하면
너가 열쇠를 쥐고 있어
다른 길이 있어!
내가 도와 줄게! 힘내~~~~

마른 귤껍질로 우리나라 지도를 만들었네

생명사다리 만들고 제주도도 울릉도도 독도까지
무껍질호박씨얼굴 하얀나라아이 사과껍질 빨간나라아이
땅콩껍질 커피콩얼굴 노란나라 초록나라 검은나라 아이
온 세상 아이들이 두손 잡고 신이 나서 앞으로 앞으로
2020년까지 빈곤없는 세상 만들자고 나아가네
밥 많이 먹고 사랑많이 받아야 더 나누면서 나가지롱
세상 모든 사람들 모든 아이들 행복누릴 권리 있으니

울 엄마 아빠를
부탁해
우리 할머니도!
그럼 나도
힘을 낼게!!

방, 밥, 병, 빚, 배움부족, 빈곤
세계 모든 나라 빈곤층들은
빈곤의 ㅂ/p 악순환 진행 중!
그래서 우린 희망 사다리로
지원체계 울타리망 만들고
복지 거지 의존증 피하라!
열심히 노력하라!
자활 일자리 든든한 밧줄
꼭 붙잡고 내 아이 내 부모
우리 마을 지역복지력 키워
한번 다시 시작할꺼에요
아자! 아자! Empowerment !
빈곤퇴치만세! 난 할 수 있어!

한 아이가 자라려면 한마을이 필요하단다.
아프리카 속담이고 지역복지력 시작하는 말이지

무껍질과 오이껍질이 만나니
마른 오이 껍질 날렵한 몸매에
목련같이 예쁜 무우껍질 하얀 꽃이 피어났다.
말도 못하고 걸어 다니지도 못하는
오이껍질 무껍질 쓰레기도
마음합하여 선을 이루며 꽃을 피웠지
우리도 마음만 하나 되어 노력하면
마을에서 사회적자본 인적자본 모든 재능 모아
서로가 서로에게 꽃이 되어 서로 만나니
행복한 에너지 팍팍 생길 거야.
걱정마 엄마 아빠도 힘내실 거야.

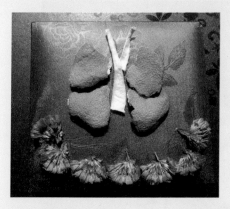

왕따 전따 은따 대따 스따 따따 잊진 학원폭력 악플 가출
싫어 지겨워 짜증나 재미없어 귀찮아 쪽팔려
이런 말들을 내가 먼저 사용 안하면
이 세상에서 자살이라는 말도 다 없어 질걸
세상거꾸로 뒤집어서 역지사지 생각하면 자살 반대는 살자
다른사람 입장 한번 생각하면 마음 열려 기다릴 수 있어
그럼 마음도 따뜻해져 기쁨 즐거움 당당함으로 신나서
좋아질거야 지금부터 세상 끝날까지
나비는 저혼자 태어나서 연약한 날개로도 잘 날아다녀
훨훨 꽃피는 봄은 돌아오고 또 돌아오고 나비도 끈질기게
꽃밭에서 훨훨날며 다음세대 생명부활 준비하지 날마다.

갯벌에서 친구들과 사이좋게
놀고 있는 친구들
하지만 그중에 딱 한명의 꽃게는
놀고 있지 않았다.
친구가 없어서 가만히 있는 것 같다.
밤이 되자 꽃게가 울고
달에 다가 소원을 빌었다.
제발 친구가 생기게 해주세요.

(초5)

가끔 사과 돛단배타고
꿈속에서
무우 피터팬 만나 봐.

이젠 **생명사다리** 붙잡아
그리고 올라가는 거야
다른아이들하고 같이
그럼 **생명사다리**가
희망사다리로 변한단다
기적같이

어떤 사람이 잘못하더라도 열심히 하면 예측불가하여 멋진 사람이 될 수 있다.

아 예쁘다 이건 감껍질 감꼭지
양배추도 있네.
국회 아님 유엔~ 맘대로 생각해! 자유야!
마당에 나가 햇빛아래 찰칵 사진 찍으면
더 예쁘게 색깔이 살아 난다.
우리 아이들도 우리들도
빛 가운데에서 다시 살아나자.

생생 탱탱 새 생명으로 홧팅!!
덤으로 이 그림도 잘봐!
아래 그림보고 만든거야.
2005년 빈곤아동결식아동없는나라
2020년까지 만들자
빈나2020 선물 받았지
생명사다리랑 이어지면 쨍!

당신은 나의 생명사다리
남편때문에 죽고 싶어요.
자식 때문에 죽고 싶어요.
누구 때문에 죽고 싶어요라고
하지말고 주변에
사랑하는 사람 이웃들에게
이렇게 이야기 해봐요.
당신은 나의 생명사다리예요.
당신들이 있어서 삶이 기쁨 입니다 라고
이야기 하다 보면
그들이 있어서
죽고 싶다기 보다는
다시 새 힘을 얻고
살고 싶은 생각이 든답니다.
(30대 두아이 엄마가 보낸 문자)

생명사다리 범국민 운동은
우리 모두가 생명을 소중하게 여기고
누구를 죽이고 미워하는 것이 아니라
생명을 귀하게 여겨서 생명사다리
희망사다리 타고 생명을 기쁘게

누리면서 함께 나아가며 더불어 기쁘게
살자는 것! 지금 바로 여기에서
내가 시작하는 것 !힘겨운 아이들과
이웃에게 손 내밀어 잡아주는 것 !

마음으로 보는 꽃
　　　　　　신준(초5)

나는 조개 껍데기다 축구아 들로 꽃을 만들었다.
겉으로 보면 보잘것없는 물건 뿐이지만
마음으로 보면 예쁜 꽃이 될수있다.
이것과 같이 사람의 외모 등으로 차별하지 말자
다시한번 마음으로 사람을 보면 외모는 좋지않아도
마음씨가 고운 좋은 친구는 만날수 있는것이다.

이 큰 세상을 눈으로 보지말고 마음으로 한번 보자?
그러면 세상은 아름답고 좋은 세상으로 보일것이다.
이제부터 사랑과 친절을 마음으로 보자
그러면 삶이 강서해 질 것이다.
나는 마음의 힘으로 하나님을 보련다.

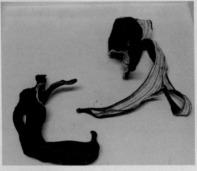

한 생명이
천하보다 귀합니다~!!

사랑합니다! 온 맘 다해
축복합니다! 언제나
혹시 지금 속상한 일 있으세요?
우리가 도와드릴게요!
화가 나시나요 한번만 더 잘 생각해 보고
참아보세요
지금 너무 힘들어서 우주로 떠나고
싶으세요?
시간이 지나면 해결 될 거에요!
힘내세요! 우리가 곁에 있을게요.
언제나 우리는 당신편이에요.
사랑합니다!
하늘만큼 땅만큼 아주 많이요.

자살을 10번이나 시도 한 분의 작품(2013)
지금은 노숙자들과 교도소 수감자를 위해
문화사역으로 빠삐옹! 홧팅 중!

고장난 물건들이 한반도로 거듭나기   자살예방 관련 단체 실무자의 작품 2014. 9. 1.
고장 나도 힘들어도 새로 시작하면 된다
빠삐옹

강명순 2013

20대 직장인 5명이

세계빈곤퇴치회에서 실시하는 화요 강좌
에 참석하고 쓰레기들이 새로운 가치로
태어난 것을 보고 공동작품을 만들었죠.
지구를 둥그렇게 만들고 두 아이가 그 곁
에서 행복하게 앉아있죠.
첫 작품치고 함께 잘 만들었죠!
정말로! 모두 남자들이라 섬세한 작업 해
낼까 했는데 서로 기다려주고 배려하면서
만든 후 나도 집에 가서 쓰레기 버리지 말
고 잘 말려서 또 만들어봐야지 어떤 작품
이 나올까 기대된다... 라고 말했답니다.
그래요 이게 바로 환경생명살리는 쓰레기 줄이기지요.

제6장

어른들도 형아도
선생님도 언니도 할머니도 좋아하는
마음놀이 생각놀이
Up Cycling Healing Art
작품

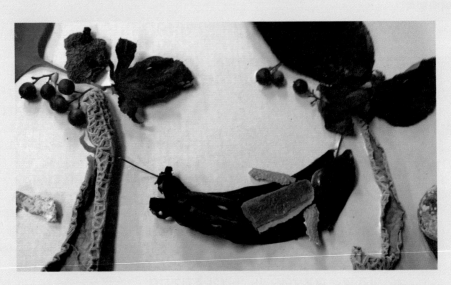

김수정 선생님(대구 달서구 열매지역아동센터), 2014. 10. 16.

아름다운 자연

사랑하는 딸이 아름다운 자연 속
예쁜 꽃처럼 잘 자랐으면 한다.
딸이 아프지 않고 건강하게 예쁘게 자라주길 바란다.
사과껍질, 조개껍질, 가지꼭지, 구기자,
굴껍질이 예쁜 꽃이 되었어요.
사랑하는 딸아!
엄마는 항상 널 지켜보고 있단다.
예쁘게 자라도록 늘 응원한다.

은미 어머니

과일나무

과일이 달려있는 열매를 보면
기분이 좋아진다.
내가 바라보는 과일나무가
많은 열매를
맺는 것처럼
나도 이렇게
살고 싶다.

민석 어머니

새 색시

처음 시집가는 새 색시가
행복하게 살았으면 좋겠다.
새 색시가 된 마음은
어떨까~?
행복한 가정을 만들기 위해
열심히 살아갈 것이다.

서녕 어머니

조개껍질이 예쁘네요

버린 조개껍질로 할머니가
예쁘게 만들어 봤어요.
생각도 안하고 만들었는데
예쁘네요. 목사님 작품을 보고
만들었는데 작품이 되었네요.
빛나는 조개껍질처럼 손녀딸
은미가 예쁘게
자랐으면 합니다.

염은미 할머니

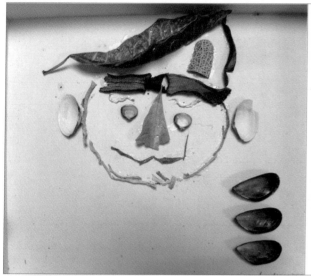

군인

군인을 생각하면서
만들었습니다.
제가 군인이라는
신분으로
생활하다보니
군인이 생각나서
만들었습니다.

승대

짬뽕

아.. 춥다.
초겨울인데 너무 춥다.
아.. 배고프다. 따뜻한 짬뽕 한 그릇
생각나네.
따뜻해지고 싶다.
아..춥다. 아.. 춥다.

상현

세상

어지러운 세상
복잡한 세상
그러나
사람들로
조금씩
변하고 있다.

명호

소망하는 아름다운 사랑

쓰레기가 되는 것은 원래의 것의 시련, 고난이라고 생각합니다.
꽃, 과일, 나뭇잎, 도라지 등이 시련을 겪었지만
또 다른 매력과 쓰임이 있는 재료가 되었습니다.
이러한 재료를 가지고 '사랑'을 표현해 봤습니다.
고난과 시련이 있었지만 아름다운 결과를 맺는 사랑
그 사랑을 고백하는 모습과 아름다운 결과를 표현했습니다.
진정한 사랑이고 아름다운 사랑인 하나님의 사랑과 같은 그런 사랑이길.
그런 사랑을 할 수 있는 사람을 만나길...
이 작품 속 모습처럼 아름다운 사랑 고백을 받기..
이 모든 아름다운 소망들이 하나님 안에서
이루어지길 바라는 마음을 담았습니다.

이지혜 쌤

2014. 7. 18. 부산기장 지역아동센터 선생님 공동작품

2014. 7. 24. 대전지역선생님 Up Cycling Healing Art 공동작품

2014. 9. 15. 포항지역선생님 Up Cycling Healing Art 공동 작품

2014. 9. 15. 울산 1318해피존 청소년과 선생님 작품

신예린

나는 이것을
사람들에
게 쓰레기로
만들수있다
는 걸 알려서
쓰레기를
아낄것이다.

2014. 9. 18. 인천 반디지역아동센터 Up Cycling Healing Art 작품

2014. 9. 26.
부산진구 지역 목사님
지역아동센터 선생님 공동작품

137

2014. 10. 16. 대구지역 지역아동센터 선생님 Up Cycling Healing Art

2014. 9. 1.~2. 자살예방의 날 참여자의
마음놀이 생각놀이 작품
 ▲▶

자살예방 전시장에서 함께 작품 제작

벨기에 대사 부인 작품

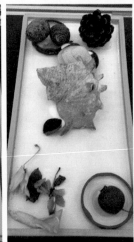

할머니도 좋아하시는 Up Cycling Healing Art! 병원에서 주는 약
보다 더 기분도 좋아지고 몸과 마음도 가벼워지셨다고 기뻐하심

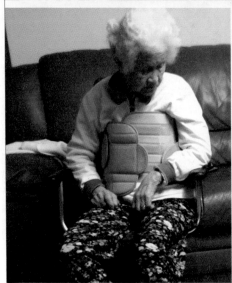

허리를 다치시고 오랫동안 병상에 계셨던 시어머님을 위로하기 위해
작품을 만들자 관심을 가지고 빨리 본드 붙여 고정시키라 하심

2013년 6월부터 2014년 11월까지 17개월 동안 54회의 생명사다리 자살예방관련 교육과 워크숍을 실시하였다. 사회복지사들과 지역아동센터 실무자들의 워크숍에서도 생명사다리 Up Cycling Healing Art 쓰레기 예술작품 ppt를 보거나 직접 만들면서 많은 참석자들이 빈곤아동 청소년의 생명지킴이가 되어야겠다고 다짐하였다. 적어도 빈곤이 자살원인이 되는 걸 막겠다는 것이다.

아무 생각 없이 쓰레기통으로 버려지는 쓰레기들이 예술작품이 되어 새로운 삶으로 재탄생하면서 새로운 자신감을 가지고 새로운 시작을 하는 것을 볼 때 아기가 태어날 때마다 온가족이 기뻐하는 것처럼 하루하루가 즐거웠다.

생명사다리운동을 하면서 가장 기뻤던 것은 5명의 외손자들의 변화였다.
로봇 만화 보다가 장난감 총으로 할머니 머리를 겨누며 거침없이 빵빵빵 총을 쏘고 "할머니 총에 맞았으니 빨리 죽어..." 하고 할머니랑 장난감놀이를 했던 7살 손자 녀석도 이제는 생명을 죽이는 일보다 할머니네 꽃밭에 자라는 꽃들에게 물 주는 것을 재미있어 하고 더구나 외할머니네 집에 오면 "할머니 작품 만들 거예요, 재료 주세요~~~~" 하고 끈질기게 요청하며 한 시간씩 동생과 같이 조개껍질 참외껍질 바나나 껍질 등으로 만들기 삼매경에 푸욱 빠져서 재잘거리며 자기가 만든 작품을 소개도 하는 경지에 이르렀다.
보통 한번 시작하면 꼼짝하지 않고 앉아서 연이어 두 개는 만들고 자기 엄마가 기다리다 지쳐 그만하고 빨리 집에 가자고 할 때까지 만들기를 하였다.

"할머니 이거는 어디에서 살다가 온 조개여요? 할머니 이건 조개껍질로 배를 만든 거구요, 지구를 구해야 하니까 더 잘 만들어야 해요."
또 다른 손녀도
"엄마 이거는 쓰레기통에 버리지 말고 할머니 갖다 드리자. 할머니 작품 만들게~~~." 다섯 살 손녀의 간청에 쓰레기통에 버렸던 것을 다시 끄집어 내어 햇볕에 말려서 자기들끼리 작품도 만들고 외할머니에게 갖다 주면서 작은 생명도 소중하게 여긴단다.

어린 손주들의 작품을 보면 다음과 같다.

솔방울 공주

나는 솔방울 나라의
솔방울 공주예요.
우리나라엔 나처럼 이쁜
솔방울들이 많아요.
솔방울이랑 꽃잎으로
머리장식을 하고 조개껍질로
옷을 만들어 입고
체리 씨로 치마장식을 했어요.
나와 함께 신나게 춤추고
노래 부르고 싶은 사람~~
손들어 보세요~
그럼~~ 내가 사는 솔방울
나라에 놀러 오세요.

이하은(3세, 2013)

우리 동네

내가 만든 우리 동네에는
할머니네 집도 있고요.
내가 좋아하는 이마트
롯데마트가 있어요.
엄마랑 함께 가는
문방구도 좋구요.
감기 걸려서 자주 가는
병원도 있어요.
나는 새로 이사 온
우리 동네가 좋아요.

양정현(5세, 2013)

나비와 개미

나비가 산책을 나왔어요.
개미들은 먹을 껏
찾기 위해
땅 속 개미집에 있다가
땅 위로 올라 왔어요.
먹을 껏 찾으러 나온
개미들은
산책중인 나비를 만났어요.
나비야~ 나비야
어디 가니??
흠~ 난 말이야~
하늘을 날며 산책 중이야~
우리는 배가 고파서
먹을 걸 찾으러 나왔어.
개미들이 말했어요~
나비와 개미는
친구가 되었어요.

이예강(6세, 2013)

솔방울 나라 대통령

나는 제일 큰 솔방울이다.
나는 솔방울 나라 대통령이다.
내 동생 하은이는 두 번째로 큰 솔방울이다.
이하은은 연필 만드는 사장이다.
가운데 있는 사람들은 대통령 말을
잘 듣는다.

이예강(7세, 2014)

146

하나님이 타고 다니는 자동차   양현규(8세, 2013)

하나님이 자동차 타고 어디로 가고 있어요.
예수님이 어떤 나라에 갔는데 무슨 일이 생겨서
집에 안 오니까 하나님이 데리러 가는 거예요.
그런데 오렌지 바퀴가 잘 안 굴러가서 귤 껍질 구름이
바람 타고 와서 자동차를 밀어주니까 잘 가고 있어요.
귤껍질 헤드라이트에서 불빛이 나와서
하나님 운전 잘하라고 환하게 비춰주고 있어요.

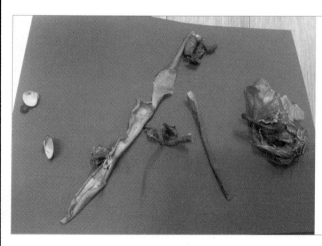

양파 껍질 3D 입체 유모차

엄마! 오른쪽에 있는 양파에
가지꽁다리를 붙여서
3D 입체 유모차를 만들었고
길쭉한 노란 참외껍질은 미끄럼틀이고
당근 껍질 고추 꼭지가
아이들 다치지 말라고 잘 붙잡고 있고
버섯꽁다리 말린 거는 아이들인데
미끄럼 신나게 타고 있어요.

양현규(9세, 2014)

제7장

마음놀이 생각놀이
Up Cycling Healing Art
활동 후 참여자들의
생각 변화와 다짐 내용

1. 나도 멋진 예술품이란 자신감을 가져야겠다.
부정적이고 빈곤한 문제(절망, 분노, 외로움, 열등감, 왕따, 폭력, 자살, 생명경시)가 가득한 상황이 긍정적인 에너지로 전환될 수 있다는 아들러의 이론을 바탕으로 쓰레기를 재창조하며 예술작품을 만들면서 생명 가치를 부여하는 풍요로운 영성으로 생명의 소중한 가치를 알고 아껴 써야겠다고 인식 전환하게 되는 재미있고 즐거운 삶을 유지하는 힘을 주는 마음놀이 생각놀이로서의 Up Cycling Healing Art

- 항상 넓게 바라보고 하찮은 것이라도 주의 깊게 보고 무시하지 않고 또한 곁에 있을 때 소중히 해야겠다(2명).
- 보잘것없는 것도 소중히 여기자(2명). 사소한 것, 작은 것 하나하나 소중히 하자(5명), 쓰레기도 소중히 여기자(5명).
- 조개껍질 쓰레기의 생명도 아끼고 소중히 여기겠다(4명).
  쓰레기를 아껴 쓴다.
- 아끼면서 소중하게 생각하겠습니다.
- 작은 생명도 소중히 여겨야겠다(3명).
- 모든 사람 물건을 소중히 생각해야겠다(2명).

- 항상 새롭고 다른 관점에서 보는 것이 중요하다는 것을 다시 한 번 느꼈다.
- 쓰레기들도 버림 받은 게 아니라고 느낌이 들었다.
- 쓰레기를 단순히 버릴 것이 아닌 새로운 용도로 보고 선입견과 편견을 다시 생각하겠다.
- 아무리 쓸모없는 쓰레기라 할지라도 그게 한사람에게 희망이 되고 즐거움이 되는 것처럼 사람들에게 희망과 꿈과 즐거움을 주는 사람이 되겠다 (5명).
- 물건도 나도 활용해 보고 싶다.

- 씩씩하게 살겠다 - 멋지게 살게요 - 열심히 살게요(5명).
- 용기가 생길 것 같다.

- 나도 예술품이란 자신감을 가져야겠다.
- 훌륭한 인생을 살아오신 목사님의 삶과 들려주신 말씀을 통해 깊은 진리의 깨달음을 얻었습니다(2명).

- 나도 쓰레기를 버리지 않고 쓰레기로 멋진 작품, 예술품을 만들 것이다 (10명).
- 나도 쓰레기가 더러운 줄 알았는데 쓰레기로 작품을 만들어서 참 재미있었고 쓰레기도 재활용해야겠다.
- 쓰레기 하나하나가 멋진 걸 만들어 내는 것이 신기하였다.
- 쓰레기를 적게 버려야겠다(3명).
- 나도 이제 쓰레기라 해도 가치와 생명을 불어넣을 것이다.
- 쓰레기도 쓸모가 있다는 것을 알게 되었다(2명).
- 우리가 버린 쓰레기는 쓰레기가 아니라고 생각해야겠다.
- 소중한 친구다.
- 앞으로 쓰레기를 버릴 때 다시 사용할 수 있는지 살펴볼 꺼다.

선생님의 다짐

- 처음에는 못쓰는 물건으로 알았는데, 그걸 이용해서 제 마음을 표현하는 일에 집중하다 보니 '세상에 못쓰는 물건이란 없다.'라는 것을 느끼게 되었습니다. 그저 못난 마음이 있을 뿐이라는 것을 느끼게 되었습니다. 이번 놀이를 통해서 제 마음속 이야기에 귀 기울이고 세상의 이야기에 희망을 볼 수 있는 '번뜩'이는 시간이었습니다. 진심입니다. 너무 감사합니다.
- 자원의 재활용이 아니라 잠재된 능력을 자각하는 것이다.
- 이 세상에 버려져야 할 것은 아무것도 없다. 가치를 발견하고 재창조한다면 다시 태어날 수 있을 것이다(3명).
- 세상에 쓰레기는 없다. 좌절하지 않게끔 계속 노력하겠다.
- 일반적으로 버려지는 재료들로 작품을 만드니 신선했다.

2. 쓰레기는 쓰레기가 아니라 보물이다.
강점 이론, 임파워먼트(Empowerment) 이론을 바탕으로 발전시켜
쓰레기의 강점을 찾아내어 예술작품을 만들면서 자연스럽게 생명
과 가치를 부여하게 되고 쓰레기의 강점을 찾아 작품을 만들다 보
면 자연스럽게 사람과의 관계에서도 강점을 찾아내게 되는
훈련이 가능한 Up Cycling Healing Art

- 쓰레기도 멋지다고 생각해야겠다.
- 쓰레기 다시 태어나기. - 나는 멋진 예술품이 되고 싶다.
- 앞으로 쓰레기는 더럽기만 하다고 생각을 하지 않고 예술품이라고 생각
   할 거다.
- 쓰레기도 작품이 될 수 있는 소중함이 있다는 것을 알게 되었다(3명).
   쓰레기를 잘 여길 거다.
- 버려지는 쓰레기가 이렇게 멋진 모습으로 태어나서 뿌듯합니다.
- 쓰레기는 쓰레기가 아니라 보물이다.
- 나도 쓰레기를 재활용을 해야겠다. 참 멋진 작품들이 만들어져 기분이 좋
   았다(3명). - 쓰레기도 생명이 될 수 있다.
- 먹다 남은 음식이나 봉지를 모으고 가꾸면 아름다운 것이 된다.

선생님의 다짐

- 아이들에게 사랑과 정성으로 쓰담 쓰담 많이 해 줘야겠다.
- 엄마처럼 더 친밀함을 느낄 수 있도록 아이들과 더 많은 시간을 가져 보자.
- 쓰레기같이 자신을 생각하는 아이에게 변하지 않는 눈길을 주어야겠다.

희망을 갖도록

- 아이들에게 스스로 가치 있는 인물로 태어나는 생각을 가질 수 있도록

하기.
- 아이들과 하고 싶고 어린이 자격과정도 있으면 좋겠다.
- 아이들과 함께 찾아와서 가르쳐 주고 싶습니다.
- 세상에 어느 것도 그 가치가 없는 것이 없다는 사실이 마음에 와 닿는다.
- 버리면 쓰레기지만 관심과 사랑이 새 생명을 준다는 것을 알게 됐다.
- 나 혼자가 아닌 더불어 함께 살아가면 행복하다는 것을 느꼈다.
- 더 잘 살아야 하겠다.

- 새로운 도전을 시작하자(2명).
- 봉사에 한번 쯤 참여해 보고 싶습니다. 화이팅!
- 더욱 새롭게 살겠습니다(2명).
- 다른 사람의 행복을 도울게요.
- 사람들을 섬길 때 나도 이용하겠다.
- 나도 마음놀이 업 싸이클링 아트 자주 해야겠다
- 잠시나마 예술가가 된 느낌이 참 좋았습니다.
 내가 누구 손에 있는가를 잊지 않겠습니다.

3. '너는 필요 없어.'라는 말을 안 쓰도록 노력하겠다.
예술요법, 글쓰기, 마주 이야기하기, 스토리텔링 기법을 활용하여 Up Cycling Healing Art 활동을 하면서 만들어진 작품을 설명하는 글이나 시(詩)를 쓰도록 하거나 자신의 생각을 함께 친구들과 나누는 시간을 가지도록 한다. 서로 대화를 마주 보고 나누면 작품은 재해석되고 더욱 의미가 부여된다.
그 과정에서 삶이 변화되는 디딤돌 전환점을 제시하게 된다.

- 나는 이번 활동으로 하느님은 이 세상에 필요 없는 것은 안 만들어 주셨다는 것을 느꼈기에 '너는 필요 없어.'라는 말을 안 쓰도록 노력하겠다.
- 쓰레기를 만들지 않겠다. 쓰레기를 적게 버려야 한다(2명).
- 쓰레기 줍자.

- 쓰레기를 함부로 버리지 않기. 누가 뭐래도 필요 없다고 버리지 않을 거다(14명).
- 쓰레기를 사용하자(2명).
- 쓰레기도 바로 버리지 말고 다시 한 번 써 보자, 쓰레기를 버리지 말자, 쓰레기를 줄이고 아껴야겠다(2명).
- 세상에 버릴 건 없다, 세상에 버릴 거 없어요.
- 나는 앞으로 물건이나 쓰레기 아끼는 사람이 되겠다(9명).
- 앞으로 쓰레기도 다시 보고 쓰레기를 안 버리고 재활용하겠다(12명).
- 물건을 버리지 않겠다.
- 쓰레기를 아껴 더 좋은 것을 만들자. 또 여러 가지를 만들고 싶다(4명).
- 조개껍질을 모을 거다.
- 재활용을 한다. 지구가 좋아진다.
- 쓰레기도 잘 쓰면 가치가 있다는 것을 알게 되었다.

선생님의 다짐

- 쓰레기를 버리지 않고 자연환경 자원에 도움을 준다.
- 재사용 할 수 있는 물건을 최대한 사용해 보자.

4. 치유의 손길이 될 것 같아요.
생태 구조적 가족치료와 해결중심 단기 가족치료와, 저자가 개발한 헬리콥터 이론을 바탕으로 Hear & Now 지금 여기부터 오늘 새로 시작하도록 돕게 된다. 그리하여 가족해체 상황, 가족에 의한 학대 방임 유기의 상처가 극복되고 빈곤의 악순환과 빈곤의 대물림을 끊어 내는 원동력을 제시하는 Up Cycling Healing Art

- 재미있어요. 재밌어요.
- 재미있고 쓰레기의 소중함을 알았다.
- 기분 좋다. 때리지 않기.

청소년 대학생의 다짐

- 쓰레기도 다른 눈으로 볼 수 있다. 시각적 차이, 매사에 새로운 시각을 갖자.
- 창의력을 키울 수 있었다. 1년, 2년 해가 거듭날수록 나는 점점 현실을 직시하게 되어 창의력이 떨어진다고 생각한다.
  이 점을 개선할 방법은 이것이지 않을까?
- 쓰레기 버리지 않고 재활용해서 창의력과 집중력을 앞으로도 많이 키우고 싶다.
- 쓰레기도 나의 창의력작품이 될 수 있다는 것을 알았고 이제부터라도 쓰레기를 버리지 않고 조금 더 나의 창의력을 기르는 작품을 조금씩 생각해야겠다.
- 나는 쓰레기 소리를 들을 줄 아는 사람이 될 것이다.

선생님의 다짐

- 아이들의 대화 속에서 서로를 향해 쓰레기라는 명칭을 쓰곤 한다. 어쩌면 쓰레기라는 것은 다시 새로운 것으로 태어날 수 있다는 것이 멋져 보였음.
- 상처받는 사람들에게 치유의 손길이 될 것 같아요!
- 이 세상에 존재하는 어떤 것도 의미 없는 것은 없습니다.
- 힘들어하고 외로워하는 우리의 마음이 자존감을 찾을 수 있게 도움이 되고 싶습니다.
- 새로운 맘으로 아이들에게 다가가야겠다. 함께하면 좋은 맘을 심어 줄 수 있겠다.
- 아이들의 쓰레기 활용으로 인하여 사물 보는 힘이 다양해질 수 있음을 느꼈음.
- 모든 존재하는 것들은 가치가 있다! 그들을 다듬어 멋진 훌륭한 존재로 만들자!
- 자원의 재활용이 아니라 잠재된 능력을 자각하는 것이다.
- 무엇하나 소중하지 않은 것은 없다. 작은 것 하나라도 다시 보는 마음의 눈을 갖자.
- 세상에 어느 것도 그 가치가 없는 것이 없다는 사실이 마음에 와 닿는다.

5. **이웃에게 손을 내미는 생명사다리 생명지킴이가 될 것이다.**
생태체계 이론, 지역복지력 구축 이론을 바탕으로 자원고갈, 공동
체성 파괴, 문화, 기회 결핍, 사회윤리가 파괴 오늘날 우리 사회를
회복하기 위해 폐자원을 재활용하여 생명과 가치와 의미를 부여
하여 쓰레기 취급하는 이미 버려진 자원과 인정받지 못하는 잠재
능력 등을 사회적 자본으로 활성화하여 지역사회 안에서 복지지
원망을 형성하고 지역사회 안에 돌봄이 필요한 모든 이들이 생명
사랑 생명나눔 생명사다리 지지체계를 통해 회복하도록 하는 실
천 과정과 이론화 한 Up Cycling Healing Art

- 나는 버려지는 쓰레기같이 세상에서 버림받았다고 생각하는 분들과 아동
  청소년을 많이 도우며 살고 싶다(11명).
- 나도 지금부터 다른 사람을 많이 도와주며 살아야 겠다(3명).
- 다른 사람을 위해 희생하는 정신을 갖고 싶다.
- 쓰레기를 많이 버리지 않고 친구들도 많이 도와줄 것이다(2명).
- 늘 돕는다는 마음도 있지만 어떤 식으로 돕는지 잘 몰랐지만 이젠 좀 알
  겠다.
- 밥 못 먹는 어려운 친구들을 도와주자.
- 열심히 꿈을 위해서 준비하고 이루어서 이웃에게 손을 내미는 사람이 될
  것이다(2명).
- 나도 생명을 살리는 생명 사다리 생명지킴이가 되어야겠다(5명).
- 이제 나도 쓰레기들에게 생명을 넣어 줄 거다(2명).
- 평소에 무심코 버려 왔던 과일 껍질 등으로 작품을 만들 수 있다는 것이 신
  기했고 주변 물건들을 다시 한번 돌아보게 되었다(2명).
- 환경을 위해 함부로 쓰레기를 버리지 않고 모든 것을 소중히 여겨야겠다
  (7명).
- 쓰레기가 우리같이 소중히 활용할 거 같이 노력할 것이다.
- 나중에는 내 물건도 다 빌린 것이니 소중히 모든 것을 다뤄야겠다는 생
  각을 했다.
- 물건으로 모양과 마을을 만드니 재미있다.

선생님의 다짐

- 조그만 물건이라도 버리지 말고 재활용을 해서 아이들의 마음을 치료할 수 있는 놀이로 이용과 환경에도 많은 도움을 주겠다.
- 작은 것 하나라도 다시 보는 마음의 눈을 갖자.
- 버려지는 쓰레기를 소중하게 사용 할 수 있는 가치있는 물건임을 생각 할 수 있는 소중한 시간이였습니다(3명).
- 버리면 쓰레기지만 관심과 사랑이 새 생명을 준다는 것을 알게 됐다(3명).
- 세상에 가치의 고하는 없다. 빛나고 가치 있는 사람이 되고 어떤 물건도 가치 있게 생각하고 대하자.
- 생명의 소중함을 알게 되고 하찮은 쓰레기라도 쓸모가 있다고 생각하니 아이들에게도 주변의 쓸모없다고 지나치던 것들도 소중한 작품으로 재탄생 할 수 있다는 것을 깨우쳐 줄 수 있게 해 줘야겠다.
- 보잘 것 없고 쓸모없는 것이라도 생명을 불어넣어 주고 가치 있는 것으로 만듬으로 쓸모 있는 것이 되고 물건의 소중함을 느낄 수 있는 프로그램이다.
- 마음 놀이 생각 놀이 → 인간 생명 존중의 삶 → 생각바꾸기 생활 습관 바꾸기
- 그냥 쓰레기는 필요 없다라고 생각했던 내 자신이 부끄러웠고, 앞으로는 작은 것 하나라도 소중히 여기고 아끼며 재활용해야겠다는 것을 느꼈다.

6. Up Cycling Healing Art 활동 후 아동 청소년, 실무자의 다짐 내용 분석을 통한 변화 내용

다짐 내용	주제	서울			인천			대구 부산				안산			명	%
		A	B	C	D	E	F	G	H	I	J	K	L	M	N	총계	비율
생명, 소중히, 아끼기, 생명지킴이	생명존중	9	5	1	1	2	5		3	2	2	3	5	2	3	43	21.8
가치 새로 알기	인식전환	9														9	4.6

다짐 내용	주제	서울			인천			대구 부산					안산			명	%
		A	B	C	D	E	F	G	H	I	J	K	L	M	N	총계	비율
쓰레기로 예술작품	예술작품		6	7	1	2	1	2	2		3	2		3		29	14.7
자원절약 재활용	자원 재활용	6	2	2		2	1	3	1		2	4		1	4	28	14.2
아동청소년 돕기	비전제시	10	1	1	2	1	1	3			1	1	2	2	1	26	13.2
쓰레기는 보물, 친구	깨달음	1	1	1	2	2			1					2		10	5.1
재미있다. 좋다	충전	4		2	1					1	1			1		10	5.1
창의력 집중력 향상	창의력 향상	4		2	1											7	3.5
쓰레기 버리지 않겠다	반성	1	4	4		2	2					4	3	1	2	23	11.7
감사합니다	감사	2														2	1.0
쓰레기 꼭 버려야 (조금 부정적 견해)	기타		2	1			1				2	4				10	5.1
합계		46	21	21	8	11	11	8	7	3	11	18	10	12	10	197	100.0
아동, 청소년의 다짐		서울 44.4%			인천 15.2%			대구, 부산 설문응답자 중 24.2% 가 나의 다짐 기록함					안산 16.2%			설문 참여자 404명의 44.8% (197명)	

2014년 7월~12월까지 21회 실시한 지역아동센터 이용 아동 청소년들의 평가서를 종합하여 보면 업 싸이클링 힐링 아트에 참여한 아동 청소년은 404명이고 생각나누기 설문을 작성하면서 자신의 생각을 정리하고 마음속에 다짐을 기록한 경우, 197명으로 참여아동의 48.8%이다. 이 중 46명은 최경주 장학재단 장학생이다.

7. 마음놀이 생각놀이 Up Cycling Healing Art
생명사다리 생각 나눔 분석표

	내 용	아동 청소년 404명 응답평균	선생님 193명 응답평균
1	쓰레기도 가치와 생명을 불어 넣어 주고 어루만져 주면 멋진 모습으로 다시 태어나는 것을 알게 되었다.	91.4	95.9
2	나도 멋진 모습으로 다시 태어 날 수 있다는 용기가 생겼다.	87.6	94.8
3	마음놀이 생각놀이가 아이들의 집중력, 창의력, 자존심을 높여 주니 나도 활용해 보고 싶다.	86.4	97.0
4	나는 버려지는 쓰레기같이 세상에서 버림받았다고 생각하는 사람들 옆에서 손잡아 주는 사람이 되고 싶다.	88.8	95.8
5	조개껍질 쓰레기의 생명도 아끼는 초등학생의 마음에 찬성하고 나도 작은 생명이 나 물건도 소중히 여겨야지!	91.2	97.5

　　2014년 9월부터 11월까지 실무자들을 위하여 7회 Up Cycling Healing Art 교육을 실시하여 193명이 참여하였는데 그중 51.3%인 99명이 업 싸이클링 이야기를 듣고 느낀 점을 나누는 설문에 참여하였다. 참여한 99명 중에 39명 (39.4%)이 나의 다짐을 기록하였다.

　　나의 다짐을 기록한 실무자 중 전체 항목 모두 5점을 체크한 긍정적인 사고를 가진 실무자는 29명으로 모두 5점을 체크한 57명의 절반에 이른다. 지역아동센터 실무자들의 경우는 작은 생명을 소중하게 여기고(97.5) 아이들의 집중력과 창의력과 자존감을 높여 주는 마음놀이 생각놀이를 나도 활용하여야겠다는 응답이 97.0으로 두 번째로 높았다.

8. 오감을 만족시키는 마음놀이 생각놀이
Up Cycling Healing Art

시각	후각	청각	촉각	치유 및 역량강화
예쁜그릇에 잘 정리된 작품 재료	라벤다 꽃 향기 마른 꽃잎 향 귤껍질 향 원두 커피 향	제첩작은 조개 유통기한이 지 난 커피콩	다양한 조개류 를 만지며 좋아함	3세부터 89세까지 치유, 자살 충 동자 우울증 환자 업 싸이클링 만들기 후 회복됨
쓰레기 뷔페라 고 함	아이들과 어른들이 커피 콩 향기를 맡으며 즐거워 하고 신기해함 라벤다 마른 꽃잎은 오랫동안 작품전시장에 향기가 남음	작은 알맹이의 작품재료를 가지고 만들기 보다 가지고 놀 면서 나는 소리 를 즐거워 함	전복 껍질을 좋 아함	ADHD 80%인 지역아동센터 아 동들이 집중력 회복됨
쓰레기가 아니 라 보물이다			등나무 씨앗의 껍질의 부드러 운 촉각	좀비라고 자칭하는 다문화 아동 들이 상상력과 창의력을 발휘하 며 자신감이 회복됨
어떤 것도 버릴 것이 없는 소중한 예술 작품재료다			녹차가루와 홍화씨 커피가 루 말린 것 만지기 좋아함	3~7세 유아의 작품을 생명 사다 리 32쪽 책으로 만들어 창의성 회복 동기부여 받아 자신감 갖고 만들기 도전함
나도 예술작 품을 만들고 싶고 예술작 품이 되고 싶다		소라 껍질을 귀에 대고 파도소리 확인	한복 비단 천짜 투리 만지기	어린이 과정 만들기 요청함 Up Cycling Healing Art 학회 만 들기 요청함 매뉴얼 만들어 보급을 요청함

쓰레기가 아니라 보물이고 친구다. 쓰레기는 예술 작품, 쓰레기로 만드니 우
울증 치료약보다 더 좋다.

제8장

마음놀이 생각놀이 Up Cycling Healing Art 지역아동센터 아동 청소년 실무자 생명사다리(4-16) 우수 61작품	
생명사다리 4 2013. 12. 2. (안산 예은지역아동센터 아동청소년 작품) 마음으로 보는 꽃 / 사랑 사람들을 가슴에 품으신 예수님 우리 모두 사랑하자	**생명사다리 11** 2015. 8. 27. (어깨동무신나는집 지역아동센터 아동 · 청소년 작품) 씨가 꽃으로 / 우리 마음을 다알아요 가 을 길 / 두 얼굴의 아이 나에게는 사랑하는 사람이 있다
생명사다리 8 2014. 11. 22. (부스러기사랑나눔회 2014 글그림잔치 수상작품) 기분이 좋아지는 나무 / 신문지 과자 그릇세트 아이들의 꿈 / 장난감 보관함 / 해바라기	**생명사다리 12** 2015. 8. 27. (신월동옹달샘 지역아동센터 아동작품) 우리 가족 꽃밭 / 나의 정원 힘을 내는 작가 교회 / 나눔 로켓
생명사다리 9 2014. 12. 5. (대전, 광주, 안산, 부산, 포항, 울산, 대구 아동, 교사 작품집 중 아동작품) 바닷가 / 강명순 목사님께 / 사랑받고 싶어요 희망의 줄 / 감상문	**생명사다리 13** 2015. 9. 25. (부스러기사랑나눔회 2015 글그림잔치 수상작품) 공룡아 사랑해 / 조은 해저 탐험대 와글와글꿈타령 부자되고싶은 저금통
생명사다리 10 2015. 7. 17. (강원, 경북, 전남지역 지역아동센터 교사 작품) 아낌없이 주는 나무 – 횡성 해같이 빛나리 – 춘천 예쁘지 않은 꽃은 없다 – 원주 노력하는 선생님 품속에서 자라는 아이들 – 삼척 두바퀴 자전거 사랑의 열매 – 달성군 엄마 힘드시죠 – 영주 함께 재미있게 놀자 – 경산 사랑의 꽃 희망의 꽃 – 대구 꽃이된 우리 지역아동센터아이들 – 광주 나비처럼 훨훨 – 목포 꿈을 심는 꽃밭 – 목포 아주 행복한 시간 – 무안 소중히 여겨야 한다 – 무안 아이의 마음을 잡아주는 선생님 – 곡성	**생명사다리 14** 2015. 10. 15. (11,12 아동 · 청소년 작품, 공동체부채 만들기 교사 작품) 꿈의 씨앗 – 제주 / 징검다리 – 남대전 그중에 제일은 사랑이라 – 진주 꿈은 바람을 타고 – 대전 / 사랑 – 대전 꿈꾸는 숲의 희망바람 – 평택 **생명사다리 16** 2015. 11. 20. (1318 해피존 신월 청소년 작품) 잠자리 / 예쁜꽃 / 해바라기 평화롭고 나른한 하루

생명사랑 생명나눔 생명사다리 4

마음으로 보는 꽃

Up
Cycling
Healing
Art

세계빈곤퇴치회
강명순이사장

강명순
나비
갤러리

빠삐용 상담실 개소
나비 갤러리 이전기념
2013. 12. 2

함께 작품 만들고
사진 찍고 글쓴이
예은 가족들과 외손주
그리고 강명순

절망에 빠지지 말고 삐지지 말고 용기내어 용감하게!

빠삐용상담실

연락처
01022820542
01050270225

안산시 단원구 고잔동 781
푸르지오 1차 상가 2층
209호 (양지중학교 후문쪽)

마음으로 보는 꽃

신준(초5)

나는 조개류 껍데기다 휴웅아 등로 꽃을 만들었다.

겉으로 보면 보잘것없는 못생긴 꽃이지만

마음으로 보면 예쁜 꽃이 될수있다.

이것과 같이 사람의 외모 등으로 차별하지 말자

다시한번 마음으로 사람을 보면 외모는 좋지않아도
마음씨가 고운 좋은 친구를 만날수 있을것이다.

이 큰 세상을 눈으로 보지말고 마음으로한번 보자.

그러면 세상은 아름답고 좋은 세상으로 보일것이다.

이제부터 사람과 물건을 마음으로 보자

그러면 삶이 감사할 것이다.

나는 마음의 눈으로 하나님을 보고싶다.

사랑

차승미(초6)

사랑은 처음 만나는 데에서 생긴다.
사랑은 조금씩 조금씩 가까이 다가온다.
사랑은 더더 많이 가까워지고 풍기내서
말을 한다. 사 . . . 랑 . . . 해.
어른이 되어도 쭉 가고 더 많이

좋아해서 결혼까지 가고 그리고
아기를 낳고 . . . . 사랑은
늙을 때까지 간다.

넌 . . 사 . . 랑 . . 해♡

사람들을 가슴에 품으신 예수님

문성천(34)

배포장지로 예수님의 가슴을 만들었어요.

조개껍질로 사람들을 만들었어요.

세상에는 어려운 사람, 키가 작은 사람,

불쌍한 사람, 아픈 사람 들이 많아요.

힘들 때 예수님은

모든 사람 들을 가슴으로 꼭 안아주셔요

저는 예수님 처럼 착한 사람이되고 싶어요

우리 모두 사랑하자

채도영 쌤

조개껍질로 얼굴을...
메론 껍질로 예쁜 체크 고깔모자를
쓰고 있는 사람을 표현하였습니다.
귤껍질로 몸을, 포도가지로 발을 만들었습니다.
팔을 위로올려 기뻐하고 즐거워하는 모습을 표현하였습니다.
가운데에 커피콩으로 하트를 만들었습니다.
사람이 다른 사람을 사랑하고, 반대로 사랑을 받으면
기분이 좋고, 행복하듯.
우리 모두 서로 사랑하고, 사랑받으며 살아갑시다. ^_^

생명사랑 생명나눔 생명사다리 8

기분이 좋아지는 나무

부스리기 사랑나눔회 2014 글, 그림잔치 수상작품
19개 지역아동센터 업 싸이클링 작품집

아이들과 함께 직접 이야기하여 주제를 정하고
나무 기둥과 가지를 준비하여
아이들 손으로 자르고 색칠하고 꾸미고
마음 모아 생각 모아 힘 모다 정성 모아 만든 기분 좋아지는 나무
만들기를 통해 서로 하나 되는 즐거운 시간이었습니다.

우리지역아동센터(전남 영암)

사단법인 세계빈곤퇴치회 생명사다리 사업

신문지 과자 그릇 세트

다 읽고 버리는 신문지를 쭈욱 쭉 찢어서
세겹줄 만들어 곱게 땋아서 차곡차곡 쌓아 풀칠을 하고
한지로 아름답게 꾸며보니 멋진 공예품 세트 느낌이 화악 피어오르는
과자그릇으로 다시 변신 성공~~
함께 만든 친구들이 같이 과자를 담아 먹어 보니
기분 짱!! 우린 예술품을 만드는 꼬마 예술가~~
자연을 생각하는 마음을 담아 사랑과 나눔을 실천할래요~^^

남대전지역아동센터/대전

아이들의 꿈

아이들만 탈 수 있는 버스
2층에 의자가 있는 버스 만들어 주세요.
우리들의 꿈을 싣고
날마다 아이들이 행복하게 살아갈 거예요.

우리다문화가정센처/경기도 성남시

장난감 보관함

신문지를 꽁꽁 말아 풀을 칠해 차곡차곡 쌓아 단단한 벽을 만들고
옛날 할머니들이 사용하는 것 같은 쌀뒤주 모양
뚜껑도 열리는 보관함을 만들어 보니
아이들이 신이나 장난감 보관함이라 이름 붙였죠.
어느 분이 여러 작품 구경하다
이 작품은 내가 집에 꼬옥 가져 가고 싶다~~ 안 돼요~~.

홍천송정지역아동센터/강원도 홍천

해바라기

독서시간에 아이들과
반고흐와 해바라기 소년책을 읽고
아이들과 함께 사람들이 무조건 버리는
과일 포장지 노오란 해바라기 꽃잎 속에
쓰레기 취급당하는 신문지와 잡지로
해바라기 씨를 만들어
해바라기 꽃을 활짝 피웠습니다! 짜짠~~

행복나무지역아동센터/충북 청주

생명사랑 생명나눔 생명사다리 9

생명의 샘물

이제 좀 편히 쉬고 싶어요   김수정 선생님, 대구 달서구 열매지역아동센터, 2014.

작품 만들고 사진 찍고 글쓴이
지역아동센터 아동 청소년
지역아동센터 선생님들
강명순

사단법인 세계빈곤퇴치회 생명사다리 사업

바닷가

작품의 명은 바닷가입니다.
일단 재료가 바닷가 재료라서 바닷가로
하였습니다. 만든 것은 물고기, 소라,
조개, 전복껍질에 진주, 다리달린 꽃게,
진주를 품는 조개 등등을 하였습니다.
만든 소감은 무엇을 만들까 고민하던 중
바닷가가 생각나여 하였습니다.
정말 재미있었습니다.
그리고 국회의원이 와서 하여 그런지
더 재미있었고, 다음에 또 국회의원이 와서
또 하였으면 좋겠습니다.
서울에서 고생하여 여기 와주셔서 감사하고
칭찬을 많이 하여주셔서
정말 정말 감사합니다.
"굿〜"

권소연(초5, 새소망지역아동센터, 2014. 7. 17.)

강영순 목사님께

안녕하세요! 저 푸른지역 아동센터에 다니는 김유희 에요
저는 오늘 작품을 만들고 나서 쓰레기로 작품을
만들수 있다는 것을 알게 되었어요.
작품을 만들면서 이렇게도 만들수 있구나. 하고
생각했어요. 강영순 목사님 덕분에 다양한 걸
데기들로 작품을 만들 면서. 행복하면서도
재미있었어요. 만약 기회가 된다면 또
하고 싶어요!! 정말로 감사해요!!!
참 재미있고 빛나는 하루였어요! ♥

김유희(초6, 푸른지역아동센터 안산, 2014. 8. 1.)

사랑받고 싶어요

중간에
앉아 있는 아이가
사랑이 매우 필요하여서
주위를 둘러싸서
 사랑을 주고 있다.

이수현(중3, 1318 해피존 울산, 2014. 9. 15.)

○ 임예찬의 작품
제목; 희망의 줄

그것은 (작품은) 절망에서 벗어져 나와 희망을 잡는 모습이 생겨나
서 만든 것이다. 커피콩은 절망 도토리콩은 희망에 줄로
조개는 사람 나뭇가지 는 또 다리 로 만들었습니다.
이제예요들 이음모를지만 정작 가튼것은 뭐 망화콩은 데서 절망이나
희망이다 하니까 그럼 것에 역약을 바앙을 걸 같습니다.
뭐 제개인적으로도 세상에서 사람들이 절망 특성이 다고 생각했니다.
뭐 그래도 이 (작품처럼) 희망을 놓치 말기 바랍니다 원래
인간 살이란 겪한번씩 절절망이 들이닥칩니다 그래 또 (맨날 욱인콩은
단 한번도 희망을 버기 지않았습니다. 저는 희망을 버려서 안될 대로 생
각합니다.

up cycling healing art 작품소개서 및
감상문

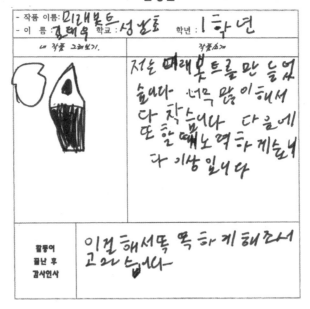

김태우(초1, 성남지역아동센터, 대구, 2014. 10. 16.)

up cycling healing art 작품소개서 및 감상문

- 작품 이름 : 스핑크스
- 이 름 : 김미윤   학교 : 성남초   학년 : 4

내 작품 그려보기	작품소개
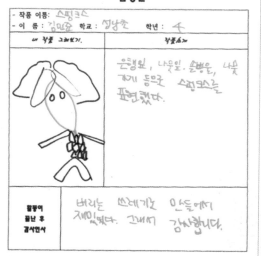	은행잎, 나뭇잎. 솔방울, 나뭇가지 등으로 스핑크스를 표현했다.

활동이 끝난 후 감사인사 : 버리는 쓰레기로 만들어서 재밌었다. 그래서 감사합니다.

성 남 지 역 아 동 센 터

---

up cycling healing art 작품소개서 및 감상문

- 작품 이름 : 쓰레기더미
- 이 름 : 김해민   학교 : 대각사남초   학년 : 6

내 작품 그려보기	작품소개
	이작품의 이름은 쓰레기더미이다 왜냐하면 쓰레기처럼 얽혀져 있기 때문이다.

활동이 끝난 후 감사인사 : 재료 없고가는 직적시기 감사하다.

성 남 지 역 아 동 센 터

---

up cycling healing art 작품소개서 및 감상문

- 작품 이름 : 특이한 사람
- 이 름 : 남재민   학교 : 성남초등학교   학년 : 1

내 작품 그려보기	작품소개
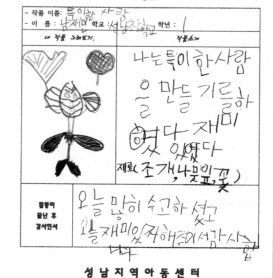	나는 특이한사람을 만들기를 하였다 재미있었다 재료 (조개, 나뭇잎, 꽃)

활동이 끝난 후 감사인사 : 오늘 많이 수고하셨고 오늘재미있게 해줘서감사합니다

성 남 지 역 아 동 센 터

---

up cycling healing art 작품소개서 및 감상문

- 작품 이름 : 토끼곰.자연
- 이 름 : 남보리   학교 : 성남초등   학년 : 3

내 작품 그려보기	작품소개
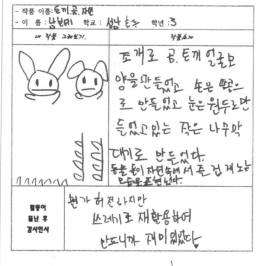	조개로 곰. 토끼 얼굴로 양을 만들었고 눈은 빨옹으로 만들었고 눈은 원두로만 들었고있는 작은 나무막대로 만들었다. 동물들이 자연속에서 즐겁게노는 모습을 표현했다.

활동이 끝난 후 감사인사 : 뭔가 허전라지만 쓰레기로 재활용하여 만드니까 꺼미있었다

성 남 지 역 아 동 센 터

더불어 사는 행복공동체

2015. 5. 14. 목포지역 Up Cycling Hearling ART 워크숍 · 2015. 5. 21. 목포지역 Up Cycling Hearling ART 워크숍

2015. 7. 7. 춘천지역 Up Cycling Hearling ART 워크숍

작품 만들고 사진 찍고 글쓴이
춘천, 삼척, 원주, 홍천, 고성, 횡성, 목포, 광주, 보성, 무안, 곡성,
대구, 경산, 영주, 김천의 지역아동센터 선생님 30명과 강명순

곽지언(초2), 대구 누리글터 지역아동센터, 2014.

사단법인 세계빈곤퇴치회 생명사다리 사업

아낌없이 주는 나무

선생님들은 아이들에게 아낌없이 주는 사람입니다.
아낌없이 주는 나무에 아이들이 그네를 타고 있고,
전복껍데기 그루터기가 선생님처럼 편안하게 아이들이
언제든지 찾아와서 쉴 수 있는 공간입니다.
아낌없이 주는 나무 그루터기는 죽은 게 아니라
살아있어서 꽃도 피우고 열매도 맺으며 아이들이 필요할 때
열매도 주고 쉴 수 있는 그네도 주고 쉼터도 줄 수 있지요.
소외받는 아이들에게 지역아동센터가 편안한 안식처가 되기를
기도하며 바라는 마음이 꽃처럼 피어날 것입니다.

횡성 행복한홈스쿨 박경희

해같이 빛나리

나는 햇빛 선생님이예요.
아이들을 위해 빛을 내주고 바라보고 지켜 줄 수 있는 존재,
나로 인해 아이들이 더 밝게 잘 자라주었으면 내 작은 소원 담아
우리 춘천을 환하게 비추이며 항상 햇빛이 되어
쥐구멍에도 판잣집에도 비닐하우스에도 지하 단칸방에도
구석구석 잘 비추이면 햇빛보고 우리아이들 조개 나비가 되고
어여쁜 작은 고동 잠자리가 되어
훨훨 자유로이 날아오르겠지롱
하얀 병뚜껑에 꽂게 빨간 발가락에 빨간 칠을 하고
날마다 해같이 빛나 여러분 곁에 달려갈게요.

춘천 YMCA푸름이지역아동센터 김미희

예쁘지 않은 꽃은 없다

한 아이가 잘 자라려면 한 마을이 필요하다는
아프리카 속담처럼
한 아이의 꿈이 꽃 피고 열매 맺어
더불어 사는 행복한 마을 공동체를 만들어
늘 함께 나누고 사랑으로 서로 돕고
이웃들의 문제와 걱정 근심과 생활의 어려움도
사랑으로 새롭게 변화시키고
새로움을 창조하는 희망의 꽃 활짝 피우기 위해
손에 손잡고 함께 살아가는 우리 마을에는
예쁘지 않은 꽃은 하나도 없다. 모두 아름답고 예쁘다.

원주 길배움터지역아동센터 박순희

노력하는 선생님 품속에서 자라는 아이들

버려진 아이들은 포크처럼 가느다란 이쑤시개처럼 앙상하다.
분홍 빛 작은 숟가락처럼 다양한 다문화아이들이 함께 모여 있는
지역아동센터 공동체에서 더불어 살아가면서
선생님들이 어떻게 가르치면 아이들은 어떻게 자라날까
선생님들은 남들과 다른 마인드를 가져야한다.
선생님들이 연구하고 공부하고 노력해서 훌륭한 교사가 되면
아이에게 분홍빛 아름다운 옷도 입혀주고 건강하게 잘 자라
행복한 지역아동센터 건강하고 행복한 사회가 될 것 같다.

삼척 꽃망울지역아동센터 최인숙

두 바퀴 자전거 사랑의 열매

혼자 두 아이 키우시는 엄마 힘들어 할까 봐
버스비 천원 아끼려고
중학교 가는 먼 길 땀 삐질 삐질 흘리며 걸어갔죠.
이제 나는 대학생이 되어 장학금도 받게 되어 신나지요.
중학교 때 돈 천 원 없어 버스도 못타고 걸어 다니는 나에게
자전거를 선물해 주셔서 자전거 덕분에 학교 일찍 가서
공부도 열심히 하고, 자전거 부러워하는 친구들과도 잘 놀았죠.
이제 나는 돈이 없어 고생하는 이웃 동생들에게
밝은 내일의 희망가지라고 손잡아 줄 거예요.
그 사랑으로 마음 예쁜 사람 만나 결혼도 해야지요.

대구 달성지역아동센터 동유선

엄마~! 힘드시죠?

우리를 위해 매일 매일 밤늦도록 일하시고
쉬지도 못하시는 사랑하는 우리 엄마~~~!!
얼른 어른이 되어서 엄마 고생 안 시키고
호강시켜 드릴께요~~~
그런 멋진 어른이 되면 엄마랑 나랑 함께
예쁜꽃 가득하고 넓은 바다도 볼 수 있는 제주도로 놀러가요~
그때까지 아프지 말고 건강해야 해요~~~알았죠~~~
사랑해요 우리엄마~~~♡

경북 영주 행복한홈스쿨지역아동센터 장지혜

함께 재미있게 놀자!

길가보다 돌짝 밭보다 옥토에 뿌리 내린 씨앗이 자라
30배 60배 100배의 열매를 맺어 큰 나무가 되면
새들이 나무에게 물어본다.
나 여기 살아도 되남유? 나무가 대답한다. 당연하지롱~~~
땀 흘리며 추수하는 농부의 기쁨으로
하루하루 잘 자라는 생동감 넘치는 자연 속에서
함께 춤추고 노래하는 두레 전통 이어 받아
아낌없이 주는 나무에 그네 줄 매달아 놓고
힘차게 함께 그네 타고 놀자! 왔다리 갔다리 하면서~~~

경북 경산 하양지역아동센터 장세련

사랑의 꽃 희망의 꽃

공사장에서 잋하시다가 한쪽 눈이 안 보이는 아빠 눈 고쳐 주세요.
월세 보증금 낼 돈이 없어요~~ 영구임대 주택에도 못 들어가요.
고혈압에 당뇨로 고생하는 우리 부모님 건강하게 해 주세요.
하루하루 우리 할머니 종이 박스 쓰레기 주워 우리 먹고 살아요.
우리 가족에게 사랑의 꽃, 희망의 꽃이 피도록 내 손잡아 주세요.

우리 지역아동센터에 커튼이 없어서 햇빛 때문에 눈이 따가 와요.
고장 난 에어컨, 선풍기도 부족해서 아이들이 자꾸 자꾸 싸워요.
앉아만 있어도 땀이 송골송골 너무 더워요.
사랑 나눔 시원한 바람 보내 주셔서 우리 마음 시원하게 해 주세요.

대구 신암지역아동센터 김인자

꽃이 된 우리 지역아동센터 아이들

서로에게 가까이 가서 꽃이 되고
꽃과 같은 존재가 되어서 살면 좋겠다고
아이들에게 늘 말하는데요.
아이들이 나에게 와서 꽃이 되었기 때문에
선생님도 역시 꽃이 될 수 있었단다 하고 자주 말하거든요.
그래서 그 말이 생각나서 그걸 주제로 아이들 생각하면서
꽃을 만들어 봤어요. 재미있어요.

광주 행복한지역아동센터 정미순

나비처럼 훨훨

지역아동센터에 근무한지 2개월이 되는 시점에 업사이클링 수업에 참여하게 되었습니다. 아직은 많이 낯선 환경에 적응해 나가고 있는 저에게는 참 좋은 시간이었습니다. 그냥 쓰레기가 될 수도 있는 수가지의 재료들을 활용하여 나만의 생각을 표현하는 작업이었던 것 같습니다. 아직 센터 생활에 익숙치 않은 저는 앞으로 우리 지역아동센터 아동들과 친해지고 싶은 마음을 담았습니다. 센터 안에서 공부하고 맘껏 뛰어놀지 못하는 아이들에게 햇빛 쨍쨍한 날 아이들의 뛰어 놀기 좋은 곳에서 나비처럼 훨훨 뛰놀 수 있는 좋은 시간이 왔으면 합니다. 저도 낯선 환경과 잘 하고 있는지 하는 불안감을 떨쳐버리고 맘 편히 날 수 있는 시간이 앞으로 빨리 왔으면 좋겠습니다. 업사이클링 수업을 통해 저보다 먼저 아이들과 생활하시는 센터 선배님들의 작품들을 통해 아이들을 사랑하는 마음을 엿볼수 있었습니다. 앞으로 저도 센터에 잘 적응하고 아이들과 부딪히며 더욱 성숙해질 수 있는 복지사가 되도록 노력할 것입니다.

목포 느티나무지역아동센터 김혜경

꿈을 심는 꽃밭

예쁜 꽃이 피려면 따뜻한 햇빛과 땅의 기름진 영양분,
그리고 갈증을 해소해 줄 물이 필요하다.
그리고 무엇보다도 가꾸는 사람의 정성이 담긴 관심이 필요하다.
예쁜 꽃의 성장은 마치 우리 지역아동센터의 아이들과 꼭 닮았다.
우리 아이들이 각자의 꿈을 발견하고 그 꿈을 피워낼 수 있도록
따뜻하게 정성을 쏟아내는 교사의 역할이 매우 중요하다.
다시금 그런 교사의 역할을 돌아보게 되었던 시간이었다.
사용하지 않는 물건들을 이용해서 지역아동센터의 아이들과
교사의 모습을 표현해 보았는데 바라보고 있으니
미소가 저절로 번졌다.
쓸모없는 것들이 마치 살아 있는듯 따뜻하게 느껴졌다.
센터에서 우리 아이들과도 함께 해보면 좋겠다는 생각이 들었다.

목포 희망누리지역아동센터 신선아

아주 행복한 시간

자연에서 얻을 수 있는 다양한 재료를 사용하여
나의 마음을 표현하는 수업이었는데
마음의 위로와 편안함을 느낄 수 있었다.
꽃을 사용할 때는 향기와 색깔 때문에 잔잔한 위로를
바다의 소재를 사용할 때는 넓은 바다내음과 파도소리를
실생활에서 사용하는 모든 재료가 다시 태어나는 느낌이었다.
나의 마음을 표현할 수 있는 아주 행복한 시간이였다.
아이들과 또 다른 변화의 수업을 함께할 수 있어서
기쁨이다.

무안 하늘꿈지역아동센터 김정화

소중히 여겨야 한다

아이들은 새하얀 바탕에 씨앗으로도, 애벌레로도 태어난다.
그렇지만 그 아이들의 속에는 복잡한 것들로 얽키고 섥켜 있다.
그렇게 태어난 아이들을 우리가 어떻게 보호하고 인도하느냐에 따라
'꽃을 피우게 돕는 자로 예쁜 나비가 되고,
보는 이로 하여금 가슴 설레게 하는 꽃으로 피어나
세상에 좋은 영향력을 끼치는 사람으로 성숙하게 될 것이다'라는
생각에 지금 우리들에게 오는 아이들을
소중히 여겨야 함을 표현하였다.

흔히 쓰레기로 취급 되어졌던 것을 가지고 작품을 완성하여
의미를 부여하고 설명을 들을 때
세상에 필요 없는 것은 하나도 없다는 것을 느꼈다.
또한 쓰레기라고 취급되어졌던 재료를 가지고 수업을 하면서
즐거움도, 내 마음의 상태도, 내가 평소에 가지고 있던 가치관도
알 수 있어서 유익한 시간이 되어졌다.

전남 무안 주은혜지역아동센터 최수정

아이의 마음을 잡아 주는 선생님

아이들은 누구에게서든지 늘 사랑받고 싶어합니다.
그러나 우리가 살고 있는 사회는 다양한 문제에 둘러 싸여 있어서
아이들의 의사와는 상관없이 사랑을 제 때에 받지 못하고,
아픈 환경에 처해 있는 경우가 많습니다.
그래서 교사들의 공동 작품을 만들 때 아이의 마음을 잡아 주고,
아이에게 사랑을 주는 선생님이 되자고 약속하였습니다.
업싸이클링 워크숍을 통해서 사용을 다한 불품없는 물건에
선생님의 생각과 마음을 통해서 새 생명을 불어 넣어 더 귀하게
사용할 수 있다는 것을 보여 주었습니다.
다 써버린 재활용 박스가 얼굴이 되고
다양한 물건이 눈, 코, 입이 되어
새로운 생명으로 탄생하였습니다.
작품 속에서 아이들에게 따뜻한 사랑을 나누어 주는
선생님의 손이 되고 마음이 되어 줍니다.

곡성 석곡지역아동센터 박미향 전양수 조수미

어깨 동무
신나는집 이야기

작품 만들고 사진찍고 글쓴이
어깨동무신나는집 아동 청소년, 김형두, 신지애,
윤송희 선생님, 강명순

사단법인 세계빈곤퇴치회 생명사다리 사업

씨가 꽃으로

황현준(초3)

씨가 꽃으로 되는 것처럼
우리는
씨에서 꽃으로 될 수 있고
힘든 사람도 꽃으로 될 때까지
열심히 노력을 하면 된다.

나중에 더 쓰레기를 아끼겠다. 더 재미있는 수업을 했으면 좋겠다.

나는 더 열심히 살거다. (목사님께) 나중에는 다른 책을 또 가져다 주세요!

우리 마음을 다 알아요

황민석(초3)

우리의 사랑은 어른들 못 따라가요~.
부모님들이 우리 마음을 다 알아요!
우리도
엄마 아빠들을
무시하면 안 돼요!!

나중에는 더 많은 재료 가지고 더 다양한 것을 만들었으면 좋겠다.

코조가 많은 닭을 팔면 좋겠다.

가을 길

김현우(중2)

아빠와 함께 걷는 가을 길
참새는 짹짹거리고 바람은 나무를
시원하게 씻워준다.
시원하게 부는 이 바람은 나의
고난과 시련도 함께 불어 나가는 것 같다.
아빠와 함께 걷는 가을 길
내 마음을 깨끗하게 만들어 준 길

쓰레기를 소중하게(생각하고) 여겨야겠다.

가난한 사람을 도와야겠다.

두 얼굴의 아이

김미선(고1)

작품에서 볼 수 있듯이 두 얼굴을 가진 아이가 있다.
왼쪽은 무슨 일이든 부정적으로 생각하여 얼굴을 날카롭게 표현했고,
배경은 바람이 불고 비가 오는 것을 표현했다.
오른쪽은 왼쪽과 달리 웃는 모습과 무슨 일이든
긍정적으로 생각하는 모습을 표현했고,
이쁜 눈이 내리는 배경을 표현했다.
왼쪽 아이와 오른쪽 아이는 한 아이의 두 가지 모습을
보기 쉽게 나눠서 볼 수 있게 만들었다.
세상사람 누구든 화날 때가 있고 그 반면에 기쁠 때가 있듯이
나이 상관없이 '누구나 두 가지 모습을 보일 수 있다'라는 것을
나타내주고 있다.

나는 무엇이든 소중히 여길 것이다.

나는 힘든 사람들을 돕고 살아야겠다.

나에게는 사랑하는 사람이 있다.

김준형(고1)

사랑하는 사람을 생각하며 만들었다.
사랑에 대한 나의 생각은 아름답다.
모든 사람에게 행복을 준다.

처음에는 쓰레기 같았는데 만들고 나니 작품이 된 것 같아 좋았다.

나도 코조처럼 잘 살아야겠다.

신월동 옹달샘 지역아동센터 업 싸이클링 작품집

작품 만들고 사진찍고 글쓴이

신월동 옹달샘 지역아동센터 아동, 오자영, 김미애,
민청심 선생님, 강명순

사단법인 세계빈곤퇴치회 생명사다리 사업

업 싸이클링 힐링아트 Up Cycling Healing Art 활동 후
느낀점, 배운점, 소감 나눈 것을 작품 아래 제시함

아프리카 가나에 살았던 코조어린이가 암탉 한마리로 성공하여
이웃을 도운 동화책 함께 읽은 후 느낀점

우리 가족 꽃밭

김세린(초2)

우리 가족 꽃밭, 우리 가족이 심은 꽃밭

우리 집 앞에 있는 꽃밭

아주 예쁘게 만들고 싶은 꽃밭

십자가도 만든 꽃밭입니다.

해님도 쨍쨍한 즐거운 꽃밭입니다.

무궁화, 세잎클로버 네잎클로버가 있는 우리 가족 꽃밭이 있습니다.

쓰레기 버려져 있는 걸 보면 작품으로 만들어야겠다.

내 꿈은 발레리나인데 멋진 공연을 해서 사람들을 재미있게 해주겠다.

나의 정원

장서아(초2)

나의 정원엔 하나님이 사셔요.
나는 하나님을 믿어요.
나의 꽃들도 하나님이 만드셨으니까요.
내 해바라기 꽃이 돌 사이에 끼어서 아파하고 있는데
하나님이 해바라기를 행복하게 해주셨어요.

난 이제부터 차근차근 쓰레기를 모아서 멋진 작품을 만들 것이다.

나도 코조처럼 멋진 삶을 살아야겠다.

힘을 내는 작가

김재윤(초4)

나는 힘을 내려는 작가.
내 마음에 씨앗이 있다.
내가 20살 될 때까지 씨앗을 열심히 키워서
마음에 있던 게 행동으로 나와 글을 쓰는 장면을 만들었다.
독도에 배타고 가서 돌과 새를 보며
「독도의 생태계」라는 책을 만드는 장면이다.

사람들이 모두 환경에 대한 소중함이 없어서 지구 온난화가 자주 일어나고, 하천에서 악취가 나타나고 있어 환경을 소중하게 여겼으면 좋겠다.

나는 암탉한마리를 보고 코조가 돈을 빌려서 암탉한마리를 정성껏 키워서 900마리 만들고, 사람들에게 일을 하게 해준 것이 기억에 남고, 코조가 그런 행동을 한 게 감동적이었다.

나눔 로켓

전재석(초5)

우주를 자유롭게 날아다니는 로켓과 우주에서
아름답게 빛나는 별들처럼 자유롭고 아름다운 우리들이
나눔을 하면서 더욱 더 아름다운 우리들이 된다.
종이와 강낭콩 껍질 말린 것으로 표현하였고
배 껍질 감싸는 건 로켓 몸통이고 수수깡은 부스터이고
뒤집어놓은 전복 껍질은 유리창이고
몸통 옆에 붙어있는 전복 껍질은 날개이다.

재활용품 만들기를 더하여 우리 신월동의 쓰레기가 더욱 줄어들기를 바란다.

나는 코조를 믿어준 은행처럼 나도 다른 사람들을 믿어주어야겠다.

교회

박은서(초6)

나는 '더불어 사는 행복 공동체'라는 책에서 힌트를 얻어서 교회를 만들었다.
원래 처음에는 그 책에 있는 작품을 그대로 베껴서
십자가로만 하려고 했는데그러면
너무 진짜 베끼는 것 같아서 교회를 만들었다.
먼저 빨간색 빨대로 십자가를 만들어서 왼쪽 위에 붙이고 남색 빨대로
교회의 몸체 테두리를 만들어서 붙이고 그 안에 조개껍데기와 수박껍데기
말린 것으로 예수님을 만들어서 교회 몸체 테두리 안에다가 붙여주었다.
그리고 마지막으로 꾸며주기 위해서 염색된 매실 씨로 오른쪽 위,
오른쪽 아래, 왼쪽 아래에다가 세 개를 예쁘게 놓았다.
이것으로 작품 완성! 만들면서 창의력도 키워지고 쓰레기(재활용품)를
재활용해서 멋진 작품을 만들 수 있다는 게 신기했다.

쓰레기로 멋진 작품을 만들어서 좋았고, '더불어 사는 행복 공동체'라는
책이 있어서 작품을 만들 때 큰 어려움 없이 만들 수 있어서 좋았다.

암탉 한마리가 900마리로 늘어난 것이 신기하고,
나도 커서 사회에 도움을 줄 수 있는 사람이 되어야겠다.

배스낚시

김진관(초6)

우주를 자유롭게 날아다니는 로켓과 우주에서
아름답게 빛나는 별들처럼 자유롭고 아름다운 우리들이
나눔을 하면서 더욱 더 아름다운 우리들이 된다.
종이와 강낭콩 껍질 말린 것으로 표현하였고
배 껍질 감싸는 건 로켓 몸통이고 수수깡은 부스터이고
뒤집어놓은 전복 껍질은 유리창이고
몸통 옆에 붙어있는 전복 껍질은 날개이다.

부채 만들기

김세린(초2)

부채 만들기 할 때 처음에는 그림을 그렸다
자꾸 퍼지는 느낌이 좋았다.
앞, 뒤 다 그리고 돌리는 게 재미있었다.
모두가 시원해지니깐 좋았다.
다 함께 돌리니까 더 시원해져서 너무 좋았다.

부스러기사랑으로 함께하기

부스러기사랑나눔회 23회 글그림잔치 만들기 작품집

작품 만들고 글 쓰고 사진 찍은이
울산, 대구, 창원, 부산, 거창, 서울, 동해, 강릉, 성남, 안산, 여주,
파주, 인천, 천안, 홍성, 장곡의 23개 지역아동센터의 아동 청소년
박은지간사 김혜란팀장 전재희부장 강명순이사장

사단법인 세계빈곤퇴치회 생명사다리 사업

공룡아, 사랑해!

아이들이 힘을 합쳐
신문지를 뭉쳐 하나하나 이어 붙여서
커다란 공룡을 만들었어요!
공룡이 완성되는 과정은
우리 아이들에게 함께한다면 모든 것을
이룰 수 있다는 자신감을 갖게 해주었답니다!

창원 / 느티나무 지역아동센터

조은 해저탐험대

'인어공주'동화책에서 나오는 인어공주가
정말 있는지 최첨단 잠수정을 만들어 떠난
탐험대가 바닷 속을 탐험하며 눈앞에 나타난
인어공주가
바다 친구들과 함께 어울리는 모습을 보고
조은지역아동센터 친구들도 모두가 함께
어울려 행복하게 살고 싶은 마음을 담았어요.

안산 / 조은 지역아동센터

와글와글 꿈타령

내가 되고 싶은 발레리나
내가 되고 싶은 축구선수
내가 되고 싶은 선생님
아이들마다 장래의 꿈을 이루기 위해 노력하고 있어요.

여주 / 원광 지역아동센터

부자가 되고 싶은 저금통

가난한
사람들의
꿈을 담아
저금통을
만들었습니다.

조아라(초4)
홍성 / 장곡 신나는 지역아동센터

지역아동센터전국연합회

지아연과 더불어 꿈꾸는
아이들과 함께하는
행복한 세상

작품 만들고 글 쓰고 사진 찍은 이

지역아동센터전국연합회 회원 김선혁, 고뢰자, 강명순

후원 사단법인 세계빈곤퇴치회

꿈의 씨앗

아동들의 꿈이 빛을 만나는 곳, 지역아동센터!

아동들이 태어나면서 갖고 있는 재능을

여러 가지 활동을 통해 찾아주고,

아동들 안에 있는 꿈의 씨앗이 자라 예쁜 꽃이 되어 피어나고,

열매 맺길 바라며....

10년 후엔 센터장의 일을 퇴직하고 자원봉사자로

아동들의 꿈이 피어나도록 지켜보는 자리에 있길 기대합니다.

제주 빛과소금지역아동센터 • 박진옥

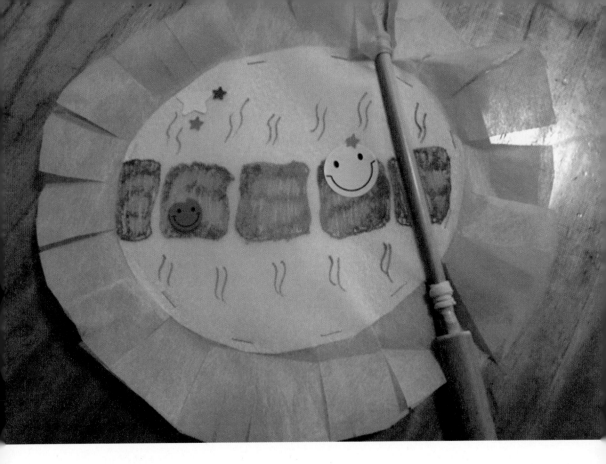

징검다리

사랑하는 아이들아
내가 너희들의 징검다리가 되어줄게
힘들고 어려울때
나를 디딛고 어려움을 이기며
행복하게 자라거라
항상 기도하며 옆에서 응원해 줄게
많이 많이 사랑한다.

남대전지역아동센터 · 김경숙

그 중에 제일은 사랑이라!

지역아동센터를 시작한지가 벌써 20년이 되어간다.

그동안의 시련과 절망 그러나 이겨왔다.

사랑하는 마음으로 그리고 COOL해졌다.

앞으로 10년 후 내 꿈은 그날도 오늘처럼

변함없이 아이들을 사랑하는 마음이 변치말기를 바랄 뿐이다.

아이들의 꿈이 펼쳐질 멋진 세상을 기대하면서….

진주 멋진지역아동센터 • 박은성

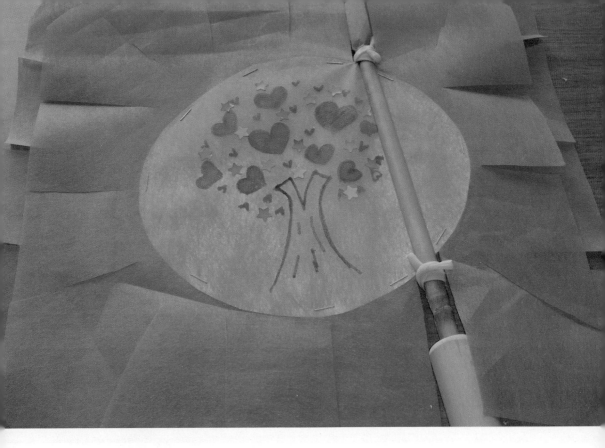

꿈은 바람을 타고

지역아동센터의 아이들이 그런 미소와 고운 마음으로
주변에서 사랑을 받는 만큼
가슴에 담긴 사랑을 똑같이 다른 사람에게 나누어 주었으면 하는
마음으로 뒷면에 커다란 사랑 나무를 그려 넣었습니다.
막막하기만 했던 처음과 다르게 부채를 다 완성하고 시원하게 돌려보니
어려웠던 생각도 정리 되고 지역아동센터 아이들 얼굴도 생각나면서
스스로를 돌아보게 된 시간이 된 것 같습니다.
꿈이라는 단어가 부채가 만들어내는 보드라운 바람을 타고
마음을 감싸는 뜻 깊은 활동이었습니다.

대전 1318해피존하늘세상 · 조미현

최고로 멋지게 만든 부채

대전 초록빛지역아동센터 · 허정문

세계 가치관 조사(2014년)에 따르면 한국의 공동체의식은 OECD 경제협력개발기구 회원국 가운데 꼴찌다(26%). 부끄러운 현실은 '자살공화국 10년!'으로 이어지고 있다[스웨덴(60%), 독일(45%), 중국(60%)].

공동체의식과 사회적 자본(Social Capital) 이 쌓여야 서로를 믿고 배려하여 빈곤이 퇴치되는 공동체기반을 마련 할 수 있다.

답답함 속에 어떻게 하면 우리나라가 더 행복하게 될까 고민하다가 행복지수가 가장 높은 방글라데시의 공동체 부채는 온마을을 시원하게 하는 큰 강점이 있음을 15년 전에 마이크로크레딧을 한국에 최초로 도입하면서 깨달았다. 이 부채를 들고 지역

아동센터 아이들에게 "여러분이 자라서 엄마도 아빠도 동네사람과 이웃 할머니 할아버지와 온나라를 시원하게 하는 사람으로 자라세요." 축복했더니 아이들이 "우리도 그 회오리부채 공동부채 만들게 해 달라"고 나에게 강하게 요청하였다. 몇달 동안 기도하고 고민하다가 드디어 부스러기 사랑나눔회 부설 지역아동센터 아동 청소년들과 지아연 아이들과 선생님들과 함께 만들었더니 아이들이 엄청 신나고 기뻐하였다. "강목사님 나도 우리집과 동네와 온세상을 시원하게 해 주는 이 부채같이 힘차게 더불어 같이 살아갈 거예요." 아이들과 선생님들의 피드백에 나도 새힘을 얻었고

공동체 부채만들기를 계속하면서 빈곤없는 나라를 2020년까지 만들어 가야겠다고 다시 다짐하였다.

우리의 작은 노력이 더불어 함께 행복한 두레 공동체를 만드는 지역복지력의 기초가 되기를 기도한다.

부스러기사랑나눔회 이사장
강명순 목사

218

부채 만들면서 서로의 꿈과 희망을 이루도록 둘이 함께하기로 하면서 라인클레이를
같이 만들고 보니 마음이 통해서 기분이 짱!

대전 구암 지역아동센터 사례   2015년 8월 13일

1) 마음놀이 생각놀이 Up Cycling Healing Art
2) 부채 만들어 10년 후의 자신의 모습과 꿈 그려서 모두 시원하기
3) 라인클레이로 꿈을 이룰 때까지 서로 친구되어 지원하기 약속

2015년 6월과 7월 대구와 춘천에서 지역아동센터 실무자들과 Up Cycling Healing Art 워크숍을 실시한 이후에 서로의 꿈과 희망을 이루도록 지지하는 라인 클레이 작업을 하고 행복해하는 선생님들

감사 가득한 사랑공동체

1318 해피존 신월 (2015. 8. 4)

대전 구암지역아동센터 (2015. 8. 13)   제주 빛과소금지역아동센터 (2015. 10. 6)

제주 꿈쟁이지역아동센터 (2015. 10. 6)

작품 만들고 사진찍고 글쓴이

대전 구암지역아동센터 아동 임현정센터장   서울 1318 해피존 신월

제주 빛과 소금 지역아동센터 제주 꿈쟁이 지역아동센터 강명순

사단법인 세계빈곤퇴치회 생명사다리 사업

Up Cycling Healing Art를 재미있게 하면서 생명의 소중함을 알게 된 지역 아동센터 아동 청소년과 실무자들이 이웃사랑을 통해 지역사회전체를 아름답고 시원하게 만드는 풀뿌리 지도자가 되도록 돕기 위해서 새로운 체험활동으로 방글라데시의 공동체 부채 만들기를 한국에 도입하였다.

부채 만들기를 통해 많은 참여자들이 몹시 행복해하고 재미있어서 교사들은 자신들만 공동체 부채 만들기를 하기보다 아동 청소년들과 함께하기를 원하였다. 특히 인천 어깨동무와 신월동 옹달샘 아동 청소년들의 경우는 부채에 자신들의 미래에 이루고 싶은 꿈을 그리기로 하여 진로상담을 하였는데 40여명의 작품중에서 우수 작품을 이책에 수록하기로 하였다.

특히 자신들의 꿈을 10년 뒤 20년 뒤에 이룰 때까지 사랑하는 지역아동센터 친구가 등을 마주대고 텔레파시를 보내면서 내가 함께 꿈꾸고 사랑하는 친구가 꿈을 이룰때까지 늘 함께하겠다는 다짐을 하게 하였는데 교사들뿐 아니라 아동 청소년들도 한 줄에 100원 하는 라인 클레이를 가지고 두 사람이 아무 말도 없이 각자 만든 것을 합체하여 이야기를 만들어 발표하도록 하였다. 마음놀이 생각놀이를 하면서 생긴 소통과 사랑의 마음이 더 확장되고 강화되어 참여한 아동들은 엄청 행복하게 두 사람의 꿈 이야기를 여럿이 앞에서 담대하게 발표하고 인증샷을 찍으면서 행복하게 웃었고 서로가 100년 동안 꿈을 이루고 살도록 지켜주겠다고 다짐하는 경우도 있었다.
특별히 예쁘게 만든 지아연 교사들의 작품만드는 과정과 결과물을 공동체 부채 우수작품 뒤에 수록한다.

잠자리

정재연(중2), 최영은(중2), 해피존 신월

햇볕 좋은 날,
꽃밭과 자연속에서 아이들이 잠자리채를 가지고 즐겁게 놀고 있다.
하지만 우리는 그 아이들보다는 잠자리에게 시선이 간다.
잠자리가 잠자리채에 잡히지 않기 위해 더 열심히 날개짓을 하는 것처럼
우리도 어려운 일이나 힘든 환경 속에서 움츠려있지 않고,
우리의 꿈과 희망을 놓치지 않고 달려가기 위해
더 열심히 살아야 한다고 생각했다.

앞으로 더 순수하게 살아야겠다. 다음에는 내가 원하는 재료들로 준비해봐
도 좋을 것 같다.

열심히 살아야 겠다.

모든 쓰레기는 다시 재활용하여 무언가를 만들수있다.

나도 코조처럼 다른사람을 도와주면서 살아야 겠다.

예쁜 꽃

김재은(중2), 해피존 신월

잠자리가 날아다니는 이곳은 우리 할머니집이예요.
꽃들이 활짝 많이 피어서 제 마음도 꽃처럼 활짝 피었어요.
솔방울이 꽃도 되고, 조개껍질도 꽃이 되는 저의 상상의 세계입니다.
처음에는 고민을 많이 했지만,
강목사님이 도와주셔서 이런 멋진 작품이 나왔어요.
여러분~ 자살은 거꾸로 하면 살자!!인거 아시나요? 모두 꼭 기억하세요.
쓸모없다고 생각했던 쓰레기들이 정말 멋지게 변한것처럼
우리도 멋진 삶을 살아요.

나는 쓰레기가 아니다라고 생각하지 않고 소중하게 생각해야겠다.

코조이야기를 들으면서 나도 열심히 살아야 겠다. 암탉한마리 책을 다시
보고 싶다.

해바라기

김대광(중3), 해피존 신월

해바라기는 죽기 전까지 한 사람만을 바라본다.
평생동안 한 사람만을 바라 보는게 힘들지는 않을까?
생각해보지만….
해바라기가 그렇듯 묵묵히 한사람에게 많은 관심과 사랑을 주고
나의 관심으로 그 사람이 웃고, 좋아한다면
한사람만을 바라보는 것이 힘들지는 않을 것 같다.

힘든 일을 겪었을 땐 업 싸이클링 힐링 아트를 생각해야겠다.

포기하지 않으며 주변사람들을 도우며 착하게 살자.

평화롭고 나른한 하루

박훈현(고2), 해피존 신월

2이5년에 살고 있는 사람들은 매우 바쁘다.
학생들은 학교, 학원에서 배우는 공부를 따라가야 하고,
많은 숙제들로 인해 친구들과 어울리는 시간이 없다.
어른들은 가정을 지키기 위해 회사, 상사의 심부름 등….
이런 빠듯한 하루하루를 살면서 스트레스와
피곤함이 몸에 쌓여서 힘이 든다.
그래서 나는 가끔 상상한다.
햇빛 좋고, 바람이 살랑살랑 부는 좋은 날씨에 아무도 뭐라하지 않고
혼자서 휴식을 갖고 있는 나와 다른 사람들의 모습을….

아무리 우울하다 해도 자살하거나 가출하겠다는 생각은 버리고 어떻게 해
서든 그 기분을 풀 것이다.

기회가 된다면 마이크로크레딧에 참여해서 주변 사람을 돕고 싶다.

제 꿈은
멋있는 쉐프가 되는거예요!!
(김대광, 중3) 1318 해피존 신월

제 꿈은 성악가예요.
멋진 무대에서 노래부르는
제 모습 상상만해도 좋아요.
(박은주, 중3) 1318 해피존 신월

제 꿈은 헤어디자이너예요.
다른 사람들 머리를 예쁘게 해줄 거예요.
(최영은, 중2) 1318 해피존 신월

제 꿈은 메이크업아티스트예요.
(정재연, 중2) 1318 해피존 신월

처음에는 어떻게 그림을 그려야할지 막막했지만나의 꿈과 진로에 대해서 다시 한번 고민해보는 시간을 가진것 같다.

부채가 시원했고 모두를 시원하게해주는 부채라니!! 신기하고 재미 있었다.

그림을 잘그리지 못해서 부채가 예쁘게 나오지는 않았지만 캠프에 가서도 친구들과 함께 부채질을 하고 함께 바람을 맞아서 좋았다.

우리는 그림만 그렸는데 동영상을 보니 생각보다 어려워 보였다. 그리고 목사님이 나의 부채를 들고 보여줘서 조금 부끄러웠다.

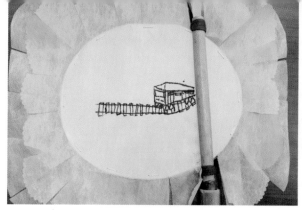

제 꿈은 기관사예요.
제가 운전하는 기차를 사람들이 안전하게
타고 다니면 좋겠어요.
(이원진, 중1) 1318 해피존 신월

제 꿈은 레고디자이너예요.
어린 아이들이 제가 만든 장난감을
가지고 놀면 좋겠어요.
(정혜인, 중1) 1318 해피존 신월

제 꿈은 회계사예요. 지금 회계자
격증도 준비하고 노력하고 있어요.
(박훈현, 고2) 1318 해피존 신월

제 꿈은 메이크업아티스트예요.
사람들을 예쁘게 변신시켜 줄 거예요.
(정혜지, 고1) 1318 해피존 신월

나의 꿈을 그려서 발표하는 시간을 가졌는데 의미가 있는 부채라 재미있었다.

시간이 없어서 그림만 그렸지만 동영상을 보니 처음부터 만들어보고 싶은 마음이 생겼고 재미있었다.

방글라데시 전통부채를 작년 운동회 때 잠깐 봤던것 같은데 가까이서 보니 더 신기했고 직접 만들어 볼수있어서 재미있었다.

동영상에서 목사님이 대나무를 끼고 고무줄로 묶어서 준비하는 모습을 보았다. 우리를 위해 열심히 준비해 주셔서 감사했고 정목사님이 해맑게 부채질 하실 때 귀여우셨다.

제9장

새로운 모습으로 새 출발하세

강명순, 2015.

자살예방 생명존중 생명살리기 프로젝트 2014년 보고서를
컴퓨터에 앉아 20시간 작업하다가 지치고 아파서 쓰러져서
엿홀 동안 드러누워 있었다.
병원 가서 확인하니 혈당수치가 400을 넘어서서
스트레스 당뇨병 진단을 받았다.
그거 재앙이 아니라 축복이었다. 한평생 가난한 이들 위해
일만하다 쉬지 못하였는데 10일이나 누워
서방님 해 주는 밥 먹고 몸도 마음도 영혼도
쉼과 회복의 휴가를 받았으니 넘치는 축복이었다.

사랑하는 아내 기운 내라고 사가지고 온 생선회와 생굴 먹고
바다 속 세상파도에 부딪혀 만들어진 굴 껍질의 주름이 멋있어
꽃게다리 붙여서 자~~ 세상에 둘도 없는 새로운 모습으로
새 출발하세~~~ 그냥 쓰레기통에 버릴 수 없지롱 내 삶을!
너나 나나 다 예술작품으로 새로 시작하는 거야! 빠삐용~~!!!

풍도 이야기

강명순, 2015.

안산 대부도에서 배를 타고 한 시간 갈매기하고 놀면
바람가득 품에 안은 풍도에 도착한다.
고기를 잡아 국기게양대같이 높은 생선말리기 게양대 줄에
태극기 휘날리듯이 생선을 말리고 있고
하얀 꽃들이 섬 가운데 산자락에 가득 넘실거리며
지중해 바다같이 옥색 푸른 바다의 부셔지는 하얀파도와 손잡고
멋진 수채화를 날마다 그려 내는 풍도에는
사람냄새 넘치며 인정 많고 따뜻한 이야기들이
해변 길을 따라 깅나라비하고 우리들을 반겼다.
안개 속에서도 떠오르는 태양과 지친 노동 속에서
금빛으로 빛나는 저녁노을 바다를 바라보며 희망찬 내일을
기다리는 아름다운 풍도처럼 우리도 넉넉하게 살아요.

감나무 감꽃 이빨

강명순, 2015.

15년이나 우리교회 마당에서 굳건하게 뿌리내리고
비바람 추운겨울을 견디고 해마다 단감 200개씩 열려서
성도들에게 기쁨이 되고 마을 사람들이나
감을 좋아하는 외로운 할아버지가
나 ~~ 저 감 먹고 싶어~~~ 노란 단감 따가도 되나요~~.
그래서 즐거움을 나누어 준 귀한 감나무
그런데 2015년에는 더욱 특별한 선물을 나에게 주었다.
햇볕 강하게 내리쬐는 날이 늘어나자 많은 감꽃이 피었는데
바람 부는 날 우두둑 감꽃들이 교회마당으로 떨어져 가득했다.
불쌍하여 죽어가는 감꽃 살펴보니 감이 잘 익어 끝까지 버티라고
하얀 감 이빨이 작은 열매 아래 떠억 꿋꿋하게 버티고
감열매가 잘 익어 가도록 도와 주고 있었다.

이어지는 사랑 나눔

강명순, 2015.

목련꽃이 지고 난 후, 푸른 목련 잎사귀 사이에 남아 있던
목련꽃 암술 연한 줄기가 하나씩 떨어졌다.
초록이 지칠 정도로 뜨거운 햇볕아래
마른 땅에서 연연두 빛이 바짝 새까맣게 타 버렸다.

감나무아래 딩굴던 감꽃과 끝까지 매달려 있지 못한
작은 아기감들도 하나씩 떨어져 땅에서 바람에 딩굴 때
여리디 여린 작은 생명들이 어찌나 불쌍한지
길 잃어버린 아이들 이리저리 헤매는 모습 생각이 나서
죽어가는 생명을 다시 살릴 수 있는 방법이 없을까?
부스러기 사랑 나눔이 이어지기를 기도하였다.

목련이야기

강명순, 2015.

겨울 칼바람 속에서도 보송보송 회색빛 외투 아래 숨어 있다가
하얀 목련꽃이 화들짝 피어올랐다.
하얀 꽃잎 바라만 봐도 내가 깨끗해지는 것 같아
목련꽃 그늘 아래 사진도 찍고, 노래도 부르며 봄날을 보냈다.
세월 흘러 목련 꽃잎이 하나둘 떨어지자
보도 블록 위에 살포시 내려앉은 목련 꽃잎이 눈에 들어왔다.
아무 생각 없는 잔인한 사람들이 하얀 꽃잎을 마구 밟고 지나갔다.
아이쿠 아파라! 목련 꽃잎들의 비명소리 안타까워,
속상한 마음모아 찰칵 사진 한 장을 찍었다.
그런데 자세히 보니 나뭇가지 위에서 새들이 목련꽃잎을
맛있게 쪼아 먹은 흔적도 선명하게 남아 있었다.

상처이야기

사람들이 매실을 나무에서 다 따간 후에
나는 매화나무를 위로하러 갔다.
미안해 오랫동안 고생해서 만든 열매를
하루 만에 사람들에게 다 빼앗겼지.
매일 매일 위로하러 간 자리 나뭇가지에 매달려 있었던
남은 매실들이 하나씩 둘씩 땅에 떨어져 있었다.
사람들의 손이 닿지 않았으나 시간이 지나니 매실이
저절로 떨어졌다.
겉보기에는 멀쩡한데 떨어져 바닥에 부딪힌 쪽은 언제나
상처가 있었다.
어찌할까 매실의 아픈 상처를······.

생각이 반짝반짝

이예강, 2015.

내가 빨리 잊어나서
전복 조개 가지고 놀아요.
전복으로 의자 만들어서 컴퓨터 칠려고요.
솔방울은 다 사람이예요. 그냥 잊하는 사람이예요.

조개랑 솔방울이랑 놀면
재미있는 생각이 반짝반짝 떠올라 재미있어요.

터닝메카드 비싼 장난감 만큼 좋아요.

갈릴리에서

강명순, 2015.

가장 가난한 이들이 모여 사는 갈릴리 해변가에서
병도 고치고 말씀도 전하고 사랑의 기적 나누어 주신 예수님처럼
하나님사랑 이웃사랑 전하며 우리 집과 학교와 지역사회와 일터와
우리나라와 온 세상에 빈곤을 퇴치하며 하나님의 정의와 평화가
강물같이 흘러 넘쳐 모두가 행복하게 기쁘게 살아가게 하소서.

싱싱한 생선

강명순, 2015.

넓은 태평양 바다에서 신나게 헤엄치고 놀다
싱싱한 물고기랑 생선이 되어
남대천 고향으로 돌아온 연어들처럼
세상의 물결을 거슬러 올라가 생명을 이어가는
용감한 연어는 오늘도 세상 풍조를 따라 가지 않고
건너서 거슬러 훌쩍 뛰어 오른다.
생선 거꾸로 하면 선생이지롱
반짝 반짝 빛나는 눈빛으로 삶의 대담한 탄력과
탱탱 튀는 물고기 살의 싱싱함을 유지하며
오늘도 지역아동센터 선생님들은
아이들의 찬란한 꿈과
맑은 미소 새로움의 바다에서 헤엄치며 행복하다.
어린아이와 같아야 천국에서 살 수 있으니까.

편안히 쉬려므나 목련꽃 그늘아래

강명순, 2015.

추운 겨울 하얀 목련꽃 포옥 감싸고 있다가
우아하고 단아한 하얀 목련꽃잎 예쁘게 꽃피운 후
연연두 암술 기둥 후드득 떨어지면 뜨거운 햇볕에 까맣게 타
목련꽃 회색 외투와 연연두 기둥 모아
나무 아래서 비명을 지르며 못다 이룬 꿈, 지키지 못한 생명,
안타까워 죽음의 길목에서 헤매는 영혼들을 위한
조그만 오두막집, 안식처 지지체계를 만들어 보았다.
이 작은 오두막집에서라도 편안히 쉬려므나
세월호 아이들아~~~길잃은 아이들아 ~~~ 가난한 아이들아
서러운 눈물 멈추고, 상처가 아물 때까지~~~ 쉬어가거라.

우린 헤어질 수 없어

넓은 마늘 밭에서
차가운 바람 타는 목마름 견디며
쑤욱 쑤욱 날마다 누가 먼저 이기나 내기를 하면서
초록 줄기 쭈욱 내밀어 힘겹게 자랐지
이제 꽃피우고 마늘 열매 맺어 행복한 꿈꾸는데
우리에게 물어보지도 않고 엄마 품 고운 흙에서
잘려 나와 생명도 잃고 엄마도 잃고 형제들끼리 꽁꽁 묶여
몸뚱아리는 사람들 뱃속에 들어갔고
우린 헤어질 수 없어 눈치만 보는데 강목사가
고운 하늘빛 종이에 뉘여 놓고 핸드폰 찰칵 사진까지 찍네

헤어지지 말고 서로 사랑하면서 마주보고 살자(강명순, 2014)

외할아버지 생일 선물

할머니 나는 할아버지 생일 선물은
조개로 만들 거예요.
바다에서 살다가 우리 집에 왔는데
내가 바다로 보내서 우리 할아버지 마음같이
편하게 지내라고 할께요.
참 할머니 밖에 나갔다가 나무 가지 주워 와서
작품 만들 거예요.
우리 아빠한테 버리지 말고 내가 우주선 만든다고 했어요.
할아버지 나 대단하죠.
할아버지 생일 축하합니다! 건강하게 오래오래 사셔요.

이예강(8세, 2014)

생명수 샘물

내 안에 가득한 희망과 용기와 사랑이 넘쳐 강물이 되어
목마른 이 배고픈 이 힘든 이 몸과 마음이 아픈 이 갇힌 이들에게
날마다 솟아나는 샘물처럼 흘러라.

할일 많은 이 땅에 우리 감사하며 눈물로 기도하며
두 손 꼬옥 잡고 함께 나비되어 날아오르리 기쁨으로
언제나 절망과 우울에 **빠**지지 말고 사람 때문에 **삐**지지 말고
용기내어 용감하게 **용**서하고 용납하면서 **빠삐용** 홧팅 소리치며
남은 시간 행복하게 보냅시다! 사랑합니다! 축복합니다! 하하하하하하하

프랑스 청년도 자기나라 말 **빠삐용**으로 한국사람 자살 줄이고
있다는 말에 활짝 웃으며 좋아하듯이 날마다 승리의 웃음으로 빅토리하고
둘이 같이 사랑하며 살아 갑시다.

강명순(2014)

2015년 새해에는

복많이 받으세요 그리고 복많이 나누어 더욱 행복하이소오.
2014년 한해동안 나에게 다가와 수없이 살기 힘들어요.
"내일 아침 눈 안 뜨고 싶어요 지구에서 우주로 떠날 거예요."라고
말한 분들이 2015년에는 레몬 향기처럼 상큼하고
레몬 같이 아름다운 빛깔로 멋지게 다시 시작하세요.

시간의 수레바퀴가 멈추지 않고 바퀴들이 함께 어울려
광야에 샘이 솟고 사막에 기분이 좋아지는 나무 숲 우거질 때까지
쉼없이 솟아나는 생명의 샘물 되어 달려 갑시다.

2014년 6월부터 대전으로 광주로 대구로 부산까지
업 싸이클링 아트 작품재료 가방 가득 담고 이른 새벽 KTX타고 가서 만난
우리 아이들과 선생님들도 이 책에 있는 멋진 예술작품처럼 행복하세요.

강명순(2014)

사랑하며 살게 하소서!

언제부터 우리 청소년들이 뜨거운 물을 팔에 끼얹고
보도블록 돌덩이로, 소주 2병으로 친구를 괴롭히게 되었을까.
전과가 많이 있는 20세~25세 남자 가출팸들이 15세 가출 여중생들을
성매매 시키고 성폭행하고 힘겨워 죽은 김해 여고생 시멘트 섞어 암매장하고
아~ 너무 무섭다. 이 땅의 귀한 우리 아이들 이 무서운 어둠속에서 어찌 살까.
언제부터 더러운 침을, 변기에 묻은 오줌을 계급이 조금 높은 군인 권력으로
힘없고 마음 약한 졸병이라고 왕창 괴롭히며 집단으로 왕따 시켜서
핥아먹으라고 하며 때려서 죽이고 은폐하고 축소 조작하고
아~고 윤일병의 귀한 생명 지켜주지 못해 죄송합니다.
제발 생명을 소중히 여기며 사랑하며 살게 하소서.

내 머릿속!

우리 손자들하고 같이
지역아동센터 아이들과 함께
마른 쓰레기 가지고
업 싸이클링 힐링 아트
작품 만들며 놀다 보면
자살예방 빈곤퇴치 왕따문제
어두운 마음 스트레스 삭제
푸르른 생명과 사랑이 가득
내 머리 속에 매일 채워진다.

빠삐용 재건축

절망과 우울에
빠지지 말고

사람 때문에
삐지지 말고

용기 내어
용감하게
용서하고
용납하자

재미있고
기쁘게

몸과 마음이
강하게

축복의
통로가 되어
축복을
나누며 살자

절망에 빠지지 말고 삐지지 말고 용기내어용감하게!

생명나무 아래에서

1o년 동안 자살공화국 1위로 한 해 동안 1만 5천 명씩 죽어가는 우리나라
청소년들에게 꿈이 뭐예요? 무슨 일을 하며 살고 싶어요? 물어도 꿈 없어요 꿈 필요 없어요!
어른들 말 듣고 가만히 있다가 세월호타고 수학여행 가다 죽었잖아요! 공부하면 뭘해요.
언제 죽을 지도 모르잖아요! 속상해요! 오히려 일찍 자살 하는게 맘 편해요 ㅎㅎㅎㅎㅎㅎ
해피아 관피아 철피아 교피아 복피아 마피아 천지 황폐한 이 땅에서
하루하루 생명붙어 살아있는게 기적! 군대 가서 총 맞고 매 맞아죽고 왕따 당해 죽고 자살하고
에구구 나는 여자라서 군대 안가도 되니 다행이고요 학교 다니는 것도 힘들고요 ㅎㅎㅎ

에덴동산 만드시고 생명나무, 선악을 알게 하는 나무 심어 사람들이 즐겁고 기쁘게
살게 하셨는데 지금 이 황폐한 땅을 위로 하소서 정직하고 깨끗하게 고쳐 주셔서,
처음 만들어 주신 에덴동산으로 회복시키셔서 생명나무 아래 평안히 살게 하소서.

그 모든 황폐한 곳을 위로하여 그 광야로 에덴 같고 그 사막으로 여호와의 동산 같게 하였나니
그 가운데 기뻐함과 즐거워함과 창화하는 소리가 있으리라(이사야 51:3).

새 하늘 새 땅 주실 우리 하나님

한겨울 칼바람 살 속에 파고들어 모질게 불어와도
동백꽃 빨간 꽃은 우리 삶에 큰 힘과 용기를 준다.
그래 참고 견디고 기다린다면 우린 꽃피우고
열매를 맺을 수 있어. 파아란 하늘 우러러
새 하늘 새 땅 주실 우리 하나님 향하여 두 손 들고 날마다 기도합니다.

세월호 형들 누나들 하늘나라에서 같이 놀고 다치지 말아요.
꿈이 있는 푸른학교 지역아동센터 초등학교 3학년 유재의 기도를 들어주세요.
예측불가의 땅 우리나라에서도 나는 자라서 목사가 될 거예요.
초등학교 5학년 이레지역아동센터 아이의 기도도 꼭 들어주세요.
아이들이 함께 만든 아름다운 시간에
쓰레기가 아이들 손을 거쳐 아름다운 예술작품이 되듯이
우리들도 하나님이 어루만져 귀한 작품으로 다시 태어나 살아가게 하소서.

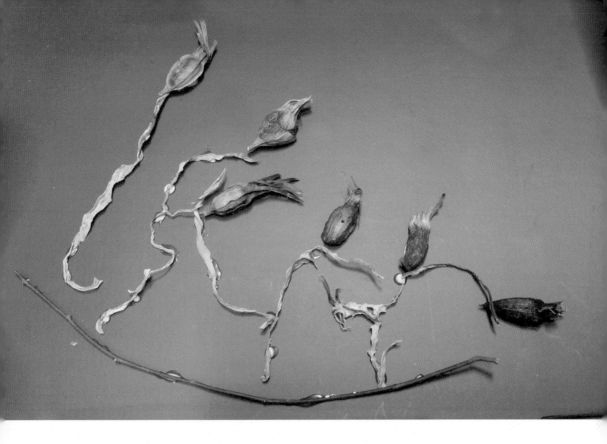

함께 희망의 나무 심어 나누며

나무를 심는 학교 지역아동센터에서
초등학교 1학년 2학년 아이들이 함께 희망의 나무를 심었다.
세월호 언니오빠 파이팅이라고 하면서
하얀 조가비 껍질에 작은 꽃잎들을 담아 아픔과 눈물항아리 가득한
엄마 아빠들의 눈물을 생각나게 하였다.
"나는요 결혼 안 할 거예요! 아이들도 안 나을 거예요! 나도요! 나도요!"
자녀들을 먼저 물속으로 떠나 보내고 가슴속에 묻어 슬퍼하는 엄마들을
TV에서 보아서 그런 걸까?
8살, 9살 아이들의 말이 비수처럼 내 가슴에 꽂혔다.
아침에 화내어서 죄송하다며 편지를 쓰고 엄마를 만든 아이처럼
날마다 고맙습니다, 사랑합니다, 죄송합니다, 감사합니다, 축복합니다, 외치며
오늘도 희망의 씨앗을 심고 희망의 꽃이 피기를 기다리고
희망의 열매 맺어 희망을 나누며 살아가는 꿈을 함께 꾸어요!!!

원칙을 지키고 생명을 지키는 우리나라

세월호야, 세월호야, 다시 처음으로 돌아가야 해.
처음부터 원칙을 지키고 생명을 지키는 세월호가 되어야 해.
안개 가득한 새벽바다 아침바다에서 출항하지마. 세월호야.
평형수를 채워 무게 중심을 잘 잡아야 하는 원칙도 잘 지켜야 해.
욕심부리지마. 제발 돈 때문에 꽃피우지도 못한 생명을 버리다니
아무리 시간이 바빠도 생명을 소중하게 생각한다면 안전 운행해야 해.
세월호야, 너가 침몰하고 더 빨리 책임지고 구조했다면
우리 아들 딸들 다 살릴 수 있었을 텐데.
나이 어린 의인들은 다른 이들을 살리려다 자신의 생명도 포기하는데
자기만 살겠다는 어른들의 부끄러운 모습을 보여 주어 미안합니다.
안타까운 우리 아들 딸들 온 세상 사람들이 흘린 눈물을 잊어버리지 말고
우리 다시는 이런 일이 없도록 노력하며 약속을 지켜 나가요.
이제 마음모아 뜻 모아 사랑모아 기도모아 세월호 아픔 곁에 늘 함께할게요.

고난 중의 사랑노래

섬진강 기슭에 살던 반짝이는 작은 제첩조개들이
87살 나의 시어머니를 위해 온몸으로 생명 바쳐 사랑을 노래한다.
오직 사랑만이 서로에게 힘이 되어 생명 호흡 이어 가게 한다.
5cm도 안 되는 꼬막조개 껍질 위에 그림같이 아슬아슬한 작은 집을 짓고
오늘 하루하루 생명 이어가는 따개비와 꼬막이
위기와 고난 중에 함께 부르는 사랑 노래가 내 가슴 깊이 스며든다.

사랑하는 내 딸아

외로움의 바다에서 힘겨움의 강가에서
홀로 깊은 한숨 내쉬며
지친 영혼 눈알이 빨갛게 되도록
슬픈 눈물 흘릴 때
예수님의 위로의 말씀이
귓가에 살며시 들려 온다.
사랑하는 내딸아 내가 너를 사랑한다.

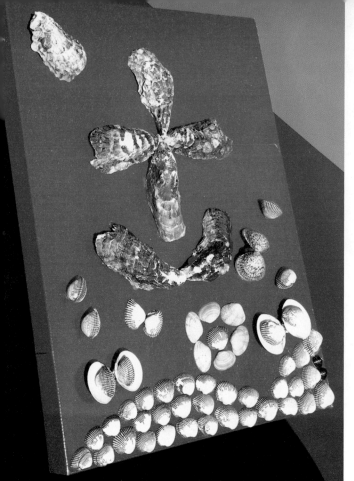

보혜사 성령

너희가 무엇이든지 아버지께 구하는 것을
내 이름으로 주시리라
구하라 그리하면 받으리니
너희 기쁨이 충만하리라(요 16:23-24).
품기도 항아리기도 두 손 모아기도
간절히 올리니 아버지께서 보혜사 성령을
보내셔서 그가 모든 것을 가르치고
내가 너희에게 말한 모든 것을 생각나게
하리라. 평안을 너희에게 끼치노니
곧 내가 너희에게 주는 평안은
세상이 주는 것과 같지 아니하니라.
너희는 마음에 근심하지도 말고
두려워하지도 말라(요 14:26-27).

꼬막과 따개비

푸른 파도 출렁이는 바위틈에
모여 사는 작은 꼬막 조개 등 위에
따개비들이 집을 지어
더부살이를 합니다.
손바닥만 한 전복도
큰 대합조개도 아닌데
작은 꼬막들은 자기들도 살기 힘든데
등 위에 집짓고 살겠다는 따개비들이 귀찮기만 해서
확 철거해 버릴까? 방 빼라고 소리 지를까?
어찌 해야 할까 모여 회의를 합니다.
오죽하면 이 작은 내 등을 의지하고 살까
어휴, 불쌍하니 그냥 사는 날까지 살아 보자, 함께 더불어.

사랑 가운데

비단조개 고운 무늬처럼 비단결같이 아름다운 마음도
날마다 쏟아지는 거친 파도 언어폭력 가정폭력 학교폭력 성폭력에
부정의한 악인들 욕심꾸러기들의 거짓행동 앞에서
조롱과 모욕과 집단 조작 허위의식 중상모략으로
포장된 위선이 넘쳐나는 세상 풍조 속에서
뒤틀리고 날개 찢겨 허우적거릴 때 조용히 다가와 속삭입니다.
사랑과 온유로 하고 오래 참음으로 사랑 가운데서 서로 용납하고(엡 4:2-4).

작은 속 뚜껑처럼 소통하기

새해가 되어도 기도는 응답되지 않고
여전히 주머니는 비어 있고
일자리도 없고 함께 돕는 이도 없어
외로울 때 뚜껑 열릴 정도로 화가 나면
식용유병 진간장병 플라스틱 속 뚜껑
생수 뚜껑을 기억해 보세요.
새로운 시작 앞에 힘겹게 플라스틱 속뚜껑
잡아 당겨야 끌어당기는 그 에너지 끝에
기름 한 방울, 간장 한 방울, 물 한 방울 세상 향해 흘러내리듯
반드시 속 뚜껑 열어야 세상 향해 소통하며 첫걸음 하죠.
뚜껑 열려 확 돌아버리겠네, 짜증난다 폭발하는 부정적 에너지를
사람 살리는 긍정에너지로 변환시키면
내 인생도 2014년에는 새로운 예술품이 된다.

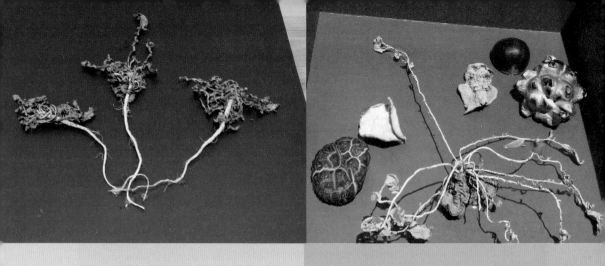

존경하기

상대방의 말을 들어주고
사랑스러운 맘으로 포용하고
넓은 마음 친절한 말을 계속하며
온몸으로 섬기는 것이
서로 존경하는 결혼생활
직장생활이란다.
서로의 차이와 작은 허물과
실수를 넘어서서
서로의 장점과 같은 점을
찾아내고 같은 방향 같은 뜻 찾아
함께 깊게 뿌리 내리면
자녀들도 후배들도 마음 밭
깊은 곳에서 만남을 만들어 간다.
상대방을 바로 세운다고
거친 말 위협하기 지적하기
고집부리며 주장하기보다
겨울 칼바람 이기고
세상을 향해 솟아난
냉이의 부드러움 전략이 어때?

춤추리

나 비록 턱밑까지 몸뚱아리 다 잘려나가
무우 꼬다리 1cm만 남았어도 생명수가
날마다 제공되면 새로운 시작도 할 수 있다.
싱크대 얕은 접시물 위에서도
이파리 새순 돋아 힘차게 시작했다.
열 줄기 내 강한 생명력 안에
희망과 생명 창의적인
가능성과 끈질긴 노력 있어
포기하지 않고 하루하루 솟아올랐다.
그래서 강명순이 예술작품으로
만들어 주었으니
자유롭게 날아오르리 꼿꼿하게 서서
영혼토록 자유로운 영혼 되어
춤추리 그대와 함께

동네사람 즐겁게 하기

하늘로 가지가 높이 솟은 감나무에 대봉감이
주렁주렁 파란 가을하늘 아래 예뻤다.
늦가을까지 홍시 되어 매달려 있는 감
정말 맛있겠다! 얼른 따서 드셔요
아니야, 동네 사람들 보고 즐거우라고 그냥 둬야 해.
요즈음 메마른 세상에 아직도 동네 사람 즐거움을 생각하는 노부부가
내 옆에서 함께 살아 숨 쉬는 것이 자랑스럽다.
강목사! 이런 상자 갑 너무 귀하고 재료값이 많이 든 것
같아 버릴 수가 없어, 가져가서 엎싸이클링 아트
Up Cycling Art 작품 만들어 봐.
가짜언니 가짜형부지만 진짜언니보다 더 진짜같은
영희 언니 마음 귀하고 귀해서 두 분 위해 기도하며 감 껍질로
두 분을 만들었다. 나한테 그 작품 보내지 말고 전시회 때 사용해요!
네, 언니, 감사합니다.

하루살기

나 하루만 지탱할 생명의 호흡과
하루만 감내할 삶에 대한 용기 주셔서
하루만 충성하며 주님 위해 살게 하소서.
오늘 하루만 십자가 지고 가게 하시고
날마다 이어질 고난을 염려 말게 하소서.
날마다 지어질 짐이 무거워 주저앉을까 두려워 말게 하소서.
꺼져 가는 등불일지라도 하루만 더 비추게 하시고
몸뚱아리 지쳐서 마지막 호흡 할지라도
하루만 더 견디게 하옵소서.
새로운 일의 무게로 힘들어 아무 생각 없이 도망가고 싶어도
오늘은 감당하고 내일 도망가게 하소서.
오늘은 오늘로 살고 내일은 내일로 소망하게 하소서.
하루만 드리는
작은 영광도 주께서 온전히 받아 주소서.
1997. 4. 18.

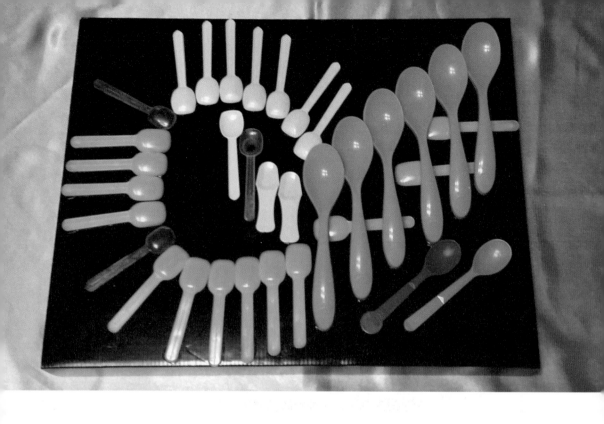

빈곤아동이 한 명도 없는 나라 빈나2020

2003년 인천의 아파트에서 세 자녀를 던져 죽이고 엄마도 생활고 때문에 투신자살했다.
2004년 돈 없어 살기 힘들어 어린 남매랑 아빠는 한강 물 속에 빠져 함께 죽었다.
2004년 12월 대구 네 살짜리 아이 장롱 속에서 죽어 갔고 원인 찾느라 사체 부검하니
어린아이 창자에 밥 한 톨도 없어 배고파 죽은 것으로 2005년 1월 7일 판명되었다.
같은 날 태어난 지 3일동안 엄마 젖도 분유도 못 먹고 아가는 찜질방에서 죽어 갔다.
26살 엄마는 돈 없는 고아였고 남편에게 버림받고 영양실조로 젖이 나오지 않았단다.
그래서 우리는 울면서 더 이상 아가들을 죽일 수 없다고 빈곤아동·결식아동 한 명도 없는
나라를 2020년까지 만들자고(빈나2020운동) 2005년 1월 31일 발대식을 했다.
그때 내 옆에 강지원 변호사님과 10명의 운동본부임원(디딤돌)등 131명이 있었다.
7,178명도 서명운동에 참여했고 지금까지 노력했지만 아직도 아이들이 죽어 간다.
2003년 20건의 동반자살로 빈곤아동 27명이 죽어 갔고 생활고 우울증으로
영아 유기 및 살해사건은 증가했다.

2009년 52건, 2010년 69건, 2011년 127건, 2012년 132건(2013.1.4. 헤럴드경제)
누구를 탓한다고 죽은 아이들이 살아날까? 빈나2020운동 하자!

피난처가 필요해

무겁고 큰 가방을 어깨에 메고 찾아온 34살 청년은
몸이 아파요. 힘들어요. 부모님도 돌아가시고 집도 돈도 없어요.
복지시설 노숙인 쉼터에 가봤지만 사람들이 때려서 무서워 싫어요.
그래서 몸이 아픈 내 작은 몸뚱이 편히 쉴 피난처가 필요해요.
오랫동안 씻지 못해 내 몸에서 나는
찌든 냄새를 씻어 내고
허기진 배를 채우고 일자리만 있다면
땀 흘리며 일하고 돌아와 잠자고
힘이 있다고 집단으로 나를 때리며
밤새 쏟아지는 욕설과 비난을 피해서
단 하루 밤이라도 편안하게 꿀 맛같은
단잠자고 싶어요.
오늘은 너무 추워요. 도와주세요.
찜질방에 가서 씻고 하루 밤 자고
저녁 먹고 옷 갈아입고 그러면
7천 원이 필요해요.
나는 안전하게 믿음 지키며 쉴 수 있는
피난처가 필요해요.

산성 속에서

살 속을 파고드는 겨울 칼바람 속에 허위와 거짓, 싸움과 경쟁 가득한 세상
넘쳐나는 권력 다툼 패거리 싸움 힘겨루기 밀고 당기는 더러운 뉴스 속에
불타는 명예욕, 돈과 욕망 쫓아 날아드는 불나방들이 먼지 속 세월 속에
방향 잃고 헤매며 찌르고 화내고 공격하고 터트리고
무한경쟁 빠름 빠름 빠름 외치며 미친 듯이 달려간다.
달팽이처럼 천천히 가면서 뒤돌아보고 옆에도 보고 배려하고 사랑하고
이야기하고 기도하고 쬐끔한 산성 바위 속에서 무릎 꿇고 나는 날마다 기도한다.
사랑과 평화, 생명 나눔과 희망 가득한 새 하늘 새 땅 이 땅에 속히 오소서.
천하보다 귀한 한 생명 한 생명이 날마다 행복한 너털웃음 웃으며
둘이 꼬옥 손잡고 포옥 끌어안고 산성에서 잠시 쉬었다가
다시 힘차게 일어나 함께 매일매일 나아가게 하소서.

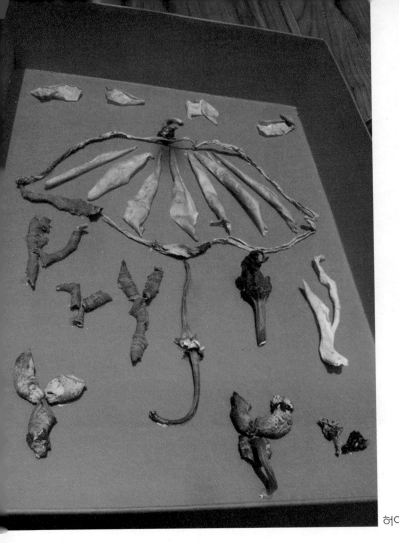

방패가
되어 주세요

물고기 먹을 때 걱정
손자들 장난감
사 줄 때도 걱정
치솟는 물가걱정
부모님 걱정
자식 걱정 돈 걱정
어린자식 기침
소리에 잠 못 자는
시집간 딸 걱정
대출받아 직원 월급
줘야 해요
걱정하는 전화 듣고
더 춥기 전에
김장해야지
김장걱정
12월 칼바람에도
허연 다리 다 드러내고딱

달라붙은 교복치마 입고도 남자친구랑 길에서 입 맞추는 청소년 걱정
남편 돌아가시고 3년 지나도 먼 나라에서 시집왔지만 공장에서 일하며
중학생 딸만 바라보며 잘 키우느라 애쓰는 딸 바보 아줌마
밤 늦게 일하시니 건강 걱정
밤이슬 맞으며 폐지 주워 엄마 얼굴도 모르는 손녀딸 12년 키우다 무릎 아파
두 번 수술한 할머니 걱정 날마다 쏟아지는
걱정 소낙비 막아 주는 방패가 되어 주세요.

사랑은

사랑은
오래참고
온유하며
비방하고
적대시하고
모멸감 주며
힘들게 하는
이를 위해
기도합니다.

나는 온유하니
무거운 짐 진
사람들아
다 내게로 와
편히 쉬어라.
나의 멍에는
가볍다 하시니
사랑은
자랑하지 않고
교만하지도

무례하게 말하고 행동하지도 않고 자기 이익을 구하거나 화내지 않고
모든 것을 참으며 믿으며 바라며 기다려 주고 견딥니다.

62년 넘게 살아 머리에 하얀 서리가 내려도
사랑은 언제나 나에게는 숙제입니다.
그래도 숙제가 있어서 사는 재미는 쏠쏠합니다.

Life Love
Life Sharing
Ladder of Life

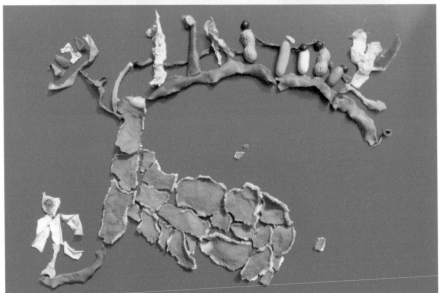

Art-Maker, Photographer, Writer, Dr. Kang, Myungsoon

Together with join

We walk together
Live together
We know walking in the one road
In one accord is not an easy work.
By my side you be my friend
Together we love and pray
Same vision, same dream with making community
Those poor, together we see
Thank you so much for being with me

Kumadar
(Green School with Dream, Community Children Center)

At a very hopeful community children center
Kids who have grown up together
Cheerfully sing and dance as a group, "Kumadar"

Cool joyful, and happy, exciting and say thank you
like promising kids
We appreciate you guys

When we cultivate this world like forest together
Remember your teacher like tree of life
Always patient and generous teacher.

Good crabs bloom flowers

Mommy crab in the heaven
tells a baby crab made of mandarin peel
Stay warm-hearted love and you will
bloom beautiful flowers just like potato peel
Live happy by Giving up what you love for your neighbors,
whom you love
Baby crab with its teary eyes,
kept mommy crab   s words in mind.

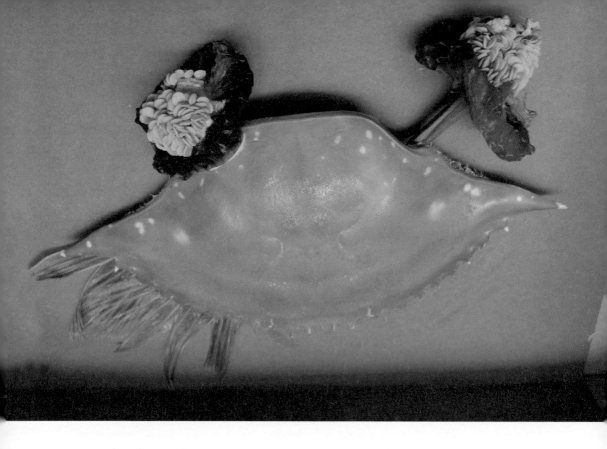

네 소원은

미안해! 너 소원이 뭐니 너를 오래오래 기억하고 싶어.

나는 똑바로 걷고 싶어요. 언제나 옆으로 걸었거든요.
그리고 하늘을 한번 날고 싶어요.
날마다 갯벌에서 기어 다닐 때
파란 하늘이 너무 예뻐 날고 싶었어요.

그래, 파프리카 머리핀 양쪽에 꽂고
생명씨앗 마음에 품고 날아오르렴.
옥돔 지느러미가 엔진처럼 너를 도와 줄거야.

87세 연로하신 시어머님 위해 살아 있는 꽃게를 죽여야 하는데
발버둥 치는 모습 미안해서
사람을 위해 죽어가는 서산 꽃게 소원을 들어주었습니다.
그래도 정말 미안해. 서산 꽃게야.

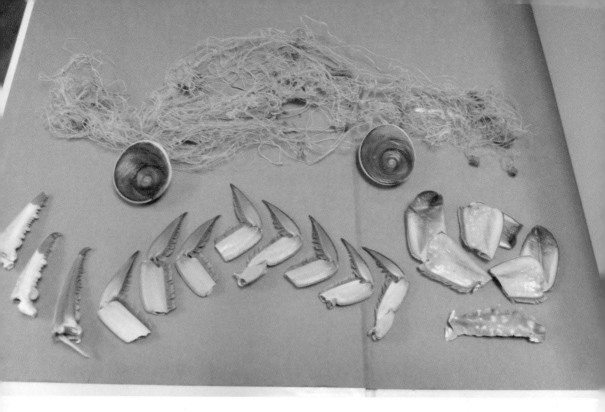

투명자동차 산을 오르다

호박잎 쌈 먹고 싶어 질긴 껍질 쭈욱 벗기고 한 데 모아
신문지 위에 던져 두었더니 연두 빛 투명 자동차가 되었어요.
바퀴를 달아 주었더니 꼬불꼬불 인생의 고난 길
역경의 산을 힘차게 달려가네. 꽃게 껍질 자동차와 함께
그래 고난은 기회라고도 하지.

이게 뭘까? 만들어 놓고도 몰라
사진찍어 손자에게 카톡으로
물어보았더니 7살 현규 왈
"산꼭대기까지 달리는 자동차예요."
자동차가 뭔 일로 산꼭대기를
다니는데 할머니가 다시 물어보니
상상력이 풍부한 사랑스런
내 딸이 말한다.
고난의 산을 달리는 자동차!

눈동자같이 지키시는

해물 뚝배기 속에서 건져낸
소라와 오분작 전복 껍질 모아서 주며
내 영혼의 지지자 남편 왈
업 싸이클링 아트 작품 만들어야지

다 만들어 놓고 이게 뭘까~~~요?
생명 살리기 위해 우리를 눈동자같이 지키시는
살아계신 예수님 얼굴이네. 멋있네.

고마워요. 우리를 날마다 눈동자같이 지켜주셔서.

초대 공동체를
다시 수축하자

우리들의 꿈은 지역사회 안에서
한마음 한 뜻이 되어 재산과 소유를 팔아
가난한 사람들의 필요를 따라 나누어 주고
가난한 사람이 없어지고
날마다 마음을 같이하고 모이기를 힘쓰고
집에서 떡을 떼며 기쁨과 순전한 마음으로
음식을 나누어 먹고
모두 함께 기뻐 찬미하며 노래하는
첫 마음 간직하는 증인공동체 만들어
지역복지력을 우리 함께 구축하자.
아자! 아자! 삐삐옹 초대공동체 홧팅!!!
마른 버섯 마른 브로콜리 가리비조개껍질
감껍질 모여 이룬 단합대회 결과지요.

청보리 생명사랑

지난겨울 눈비바람 강추위 속에서
굴하지 않고 꿋꿋이 자라
새 생명으로 오늘까지 열심히 살아온
그대 청보리의 생명사랑을 칭찬합니다.
한쪽 귀퉁이에 서 있어도
언제나 삶의 주인공이지요.
길이요 진리요 생명이신 큰사랑
늘 바라보며 한 걸음 한 걸음
열심히 살아온 당신
굳건히 오늘 지금 여기에
서 있는 청보리 내사랑 우리 신랑

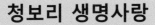

앵두나무 우물가

우리교회 마당에 작은 앵두나무 2그루 10년 동안 빨간 앵두
다닥다닥 풍성하게 열려 온 동네사람 다 따먹고 즐거워했다.
올해는 매화꽃보다 매실보다 먼저 부지런히 앵두꽃 피고 열매 맺더니
한 달 동안 동네사람들이 다 따먹고도 아직도 남아 있다.
고운 앵두씨 모아 사랑이 솟아나는 우물을 만드니
길을 가다가 피곤한 그 분이 다섯 남편을 둔 사마리아 여인에게
물을 달라고 하신다. 우물도 깊고 그릇도 없어요! 그럼 이 물을 마시는
사람은 다시 목마르지만 내가 주는 물을 마시면 영원히 목마르지 아니하리니
그 속에서 영원하도록 솟아나는 샘물을 마시라고 하십니다. 오늘도!!

움돋아 솟아나는
공의(or 정의 正義)

땅이 싹을 내며 동산이 거기 뿌린 것을
움돋게 함 같이 주 여호와께서
공의와 찬송을 모든 나라 앞에
솟아나게 하리라(이사야 61:11).

국회 골방기도회에서
정의가 강물같이 흘러넘치는
나라 되게 하소서.
함께 모여 기도하는데
하나님의 공의가 새싹처럼
움돋아 솟아나게 하신다는
말씀 감동받아 눈물납니다.

양심에 털난 어둠의 세력이
공의의 새싹 짓밟지 못하도록
우리 항상
깨어 기도합시다.

공의를
비처럼 내리시리

너희를 위하여 공의를 심고
인애를 거두라.
너희 마음 밭 묶은 땅을 갈아엎어라.
지금이 곧 여호와를 찾을 때니
마침내 여호와께서 오셔서
공의를 비처럼 너희에게
내리시리라(호10:12).

화살같이 빠르게 정확하게
꽂히는 불 심판 가운데서도
나를 구해 주시니
나는 영원히 감사하며 춤추리
오늘도 내일도

수박껍질 빠삐용 노숙인 아저씨

수박 먹고 껍질 버리려다 잘 말려서 엄마 갖다드려야지 멋진 작품 만드시라고
효녀 딸 덕분에 새로 태어난 수박껍질 빠삐용 노숙인 아저씨

절대로 망하지 않는다. 절망에 **빠**지지 말고 사람 때문에 돈 때문에 **삐**지지 말고
용기 내어 **용**서하며 **용**감하게 살자. **빠삐용. 자살** 거꾸로는 **살자**라구요.
빠삐용 빠삐용 하다 보면 수박처럼 둥글고 시원한 인생 멋진 삶의 길 열릴 거예요.

생명사다리

제발 살려주세요
아침에 일어나 학교 가면
내 친구가 자살했다고 하니
무서워서 학교에
갈 수가 없어요.

저녁 9시 뉴스를 들으면
대소변 못 가린다고
아빠가 자식을 때려 죽이고

혼자 남아 쓸쓸한 어머니와
끈으로 손목 묶어 한강물에 딸과 엄마가 같이
투신자살했다고 하니 무서워요, 슬퍼요, 살기가 싫어요.

7살 어린 초등학생을 성폭행하는 아저씨들에게
화학적 거세한다고 나랏돈 사용하는 것보다
아이들이 생명이 얼마나 소중한지 어릴 때부터
가르친다면 자살하는 중학생
왕따 시켜 친구 죽게 만드는 고등학생
생활고 때문에 돈 없어 자살을 해야겠다 생각하는
18.5% 우리 아이들을 살릴 수 있겠죠.

자~살 거꾸로 하면 살~자라니까
우리 모두 생명사다리 되어
하루하루 열심히 생명사다리 붙잡고
생명 나누며 나아가는 우리나라 되게 하소서.

사랑이야

수업시간에 앉아 있기
힘들어 답답해.
학교는 우리에게 너무
많은 걸 바라서 지겨워.
그냥 싫으니까 싫어
만사가 귀찮아요.
모든 게 귀찮아 맨날
그냥

일찍 일어나는 것도 교복 입는 것도 공부하는 것도 귀찮다.
집이든 학교든 다 귀찮으니까 그냥 항상 짜증나.
알바 중 손님이 기분 나쁜 언행할 때 짜증나.
습관적으로 담임 때문에 짜증나.
말이 안통하고 놀고 싶은데 공부하니 짱나, 가난이 싫어.
가족이 바뀌지 않으니 집에 들어가기 싫어.
집이 답답해서 죽을 것 같애.
훈계만 하려들지 말고 이야기를 들어 주세요.
가출학생 나쁘게만 보지 말고
어떻게 도와줄까부터 생각해 주세요.
너무 다그치지만 말고 도와주고 싶으면 진심으로 다가오세요.
가출청소년들 부모님들 교육 좀 시켰음 좋겠다.
우리가 하고 싶은 꿈 실현하게 해 주세요.
나쁜 길로 안 가게 안전한 일자리 구해 주세요.
돈이 없어요, 애들이 굶어 죽어 가요, 집이 싫어서 나왔는데
교육방식 좀 바꿔 주고 학교를 없애 주세요.
국가는 더 발전해야 하고 학교 폭력은 없어야 하고
가족은 화목하고 따뜻해져야 함.
학교 폭력 때문에 자살하는 것 보면 슬프다.
주입식 교육보다 자기개발 자율성과 적성 키워 주세요.
더 많이 관심, 배려, 이해, 존중하고 사랑해 주세요.
사랑이 답이예요, 광야에 외치는 소리 사랑이야 사랑이 답이야.

개고생도 좋아요

억새 마른 줄기
날카로움과
견고함같을 울타리
학교 마당에 든든히
서 있어도
우린 자유로운 영혼
벽을 뚫고 날아오르리
우리들 세상 우리들 꿈을 향해
팔짱끼고 두 다리 건들거리며
세상을 돌아다녀 봐도
임신한 내 여자 친구 쉴 만한 방이 없어 맘 아파요.
진흙처럼 끈적이는 가난이 싫어도
집 나오면 개고생이야 힘겨워도
맘 아파도 개고생도 나는 좋아
자기는 가출해 놓고 동생들에게 부탁했다.
그래도 집은 나오지마. 엄마랑 살아라 제발

마른 감자껍질 검은 진흙탕 오염된 강위에서도
생명 이어 나가는 자유로운 오리처럼

양파 껍질같이 태양이 빙글빙글
달님과 별님이 되어
어둠 밝히는 해님 달님 오누이처럼
빛이 되어 살고 싶어
어둠에서 탈출한다.

함께 빛 가득한 세상 만들어
복 받고 살자. 우리 모두 행복하게

나 죽고 싶어

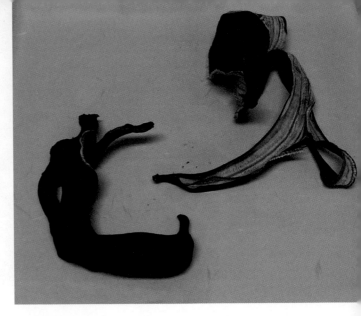

자살소식이 들려오면
잠 못 이루고
속 쓰리고 아플 때면
바나나
먹기도 하는데

바나나 껍질 노란 빛이 예뻐 버리지 않고
부엌 귀퉁이에 두었더니 제 멋대로 까맣게 말라 버렸다.
형태를 정해서 말린 것도 아니고
세상에서 가장 높은 도(道)인 '내비도, 냅도' 의 뜻대로
그냥 내버려 두었더니 바나나의 뜻대로 말라 비틀어졌다.
S라인도 선명한 자태에 매혹되어
메마른 영혼끼리 소통하라고 둘이 붙여 놓고
사진을 찰칵 찍으니
여자아이 허리에 손 없고 한 손 내밀어 소리 지른다.
"엄마 ! 나 죽고 싶어 ! 죽을 것 같애~"

두 눈 부릅뜨고 엄마 큰 머리 흔들며
"나는 더 죽고 싶어 이X아!" 악 지르며 위협한다.

우리 사무실 지나가는 나그네 이 사진 보더니
"나랑 내 남편 싸우는 모습 같아요." 한다.

아니예요, 붓글씨로 사람 인자 쓴 거 같아요.
속살 연두 빛은 햇빛 받아서 그렇죠오.
보는 사람마다 느낌을 다르게 말한다.

부부로
산다는 거

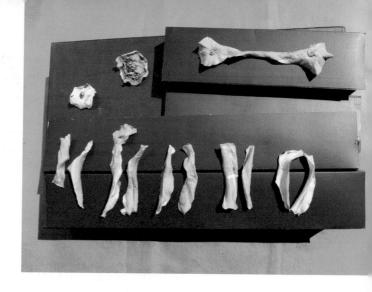

처음 아담과 이브는
서로 돕는 배필로
만들어 주셨단다.

임신 출산 자녀 양육 초보 30대 엄마는
고집쟁이 딸 없는 세상에서 살고 싶다는데 아빠는 직장일로 정신이 없다(제일 왼쪽).
직장에서 자리잡고 상사에게 인정받고
목에 힘이 들어가는 40대 남편은 목에 기브스한 채
퇴근도 늦어 남편바라기 아내에게 다정한 말 한마디
할 힘도 없이 쓰러져 잔다.

아랫배 내장 비만으로 뚱뚱한 50대 남편은 자식도 마누라 편이라
외롭기만 하다. 무서운 호랑이로 변해 가는 마누라도 더 무섭다.

직장도 명퇴하고 정년 퇴직하고 갈 곳없어 고개 숙인 60대 남편
바라보는 마나님 속에서 천불이 나는데
퇴직금도 날리고 먹고 살 길 없어 눈앞은 막막하기만 하다.

그래도 우리 70살까지 부부로 같이 살았으니
남은 시간 가진 거 자식에게 이웃에게 다 나눠 주고
빈털털이지만 마음 비우고 즐겁고 행복하고 사랑하면서 우리 둘만의
기쁨을 누리고 살아 보자. 가끔은 우리 집 기쁨 샘 기쁨 우물에서
시원한 물 퍼다가 목마른 사람에게 주면서 말이다(제일 오른쪽).

3일 동안 생각한 참외 껍질의 변신은 무죄

옆으로 아래로

너의 이웃을 너의 몸같이 사랑하며
옆으로 옆으로 사랑을 넓히고
아래로 아래로 사랑의 깊이를 더하면
수평선과 지평선이 만나
이웃사랑 하나님사랑

나비다

나비다, 나를 비운다, 나는 비영리다.
나는 비겁하지 않다, 나는 비를 좋아한다.
나는 비 내리는 날
비사이로 막가는 갈비씨다.

애벌레로 번데기로 오랜 시간 기다려
하얀 배추흰나비 날아오르는 그날
우리는 함께 날아올랐다.

어제의 시간이 오늘로 내일로 함께 이어지는 것처럼
울 어머니 돌아가셔서 산골 깊은 골짜기에 울 엄마 아버지 옆에 모시느라
상주들이 장례 차에서 내리자마자
하얀 나비 오십여 마리 떼를 지어 날아와
우리 슬픈 마음 따라 산길을 함께 걸었다.
내 딸이 첫아들 낳아 외할머니 생각난다고 말하자
하얀 나비 한 마리 훨훨 우리 곁으로 왔고
엄마 좋아하는 거 먹고 엄마 생각나 엄마 얘기하면
어느새 하얀 나비 한 마리 내 어깨 위에 앉을 듯이 다가왔다.
꽃과 나무를 좋아하셔서 화분갈이하는 봄날 마당에
봄볕 포근하게 내려앉으면 엄마처럼 하얀 나비
바삐 날아와 정겹다. 하얀 나비 울 엄마는 언제나 나와 함께 있다.
나비보고 엄마 생각하며 그리워 말고 생전에 더 잘해 드릴 걸~~~
그래, 나비다.

사과 돛단배

속살 향긋한 내음 사각거리며
다 먹으라고 온몸으로 비워 내고
남은 껍질 꽃향기 바다 위에
사과 돛단배를 띄운다.

바다는 왜 바다라고 불러요.
모든 것을 다 받아 주니까 바다래.
쓰레기도 구정물도 눈과 비

힘겨운 이들의 눈물과 한숨까지
바다는 다 받아들이고
철썩거리는 파도는 바위에 부딪혀
푸른 멍이 들어 바다는 파랗다.

강물이 바다에 가려면
자꾸 자꾸 더 낮아져야
흘러내려간단다.

모두 다 받아 주고 자꾸자꾸 낮아지면
온 세상 사과향기
꽃향기로 가득찰 거야.

싸우는 사람이 모두 없어지니까

무우껍질 피터팬

제주 무우꽁다리와 선택받지 못한
무껍질들을 모아 놓고 기도했다.
하나님 ! 오늘 경산에서
또 고등학생이 자살했습니다.
그저께는 부산에서 며칠 전에는
대구 학생이 자살했는데
우리나라 청소년들이
자살하지 않도록
아이들이 힘들어하는
왕따 폭력, 학원 폭력,

학교성적 폭력, 성폭력이 모두 사라지게 해 주세요.
하나님 ! 사랑받지 못하고 쓸모없는 이 껍데기들이
자살 공화국을 향해
한마디라도 외쳐서 들을 귀 있는 자들이 듣게 해 주세요.

무엇을 만들면 사람들의 맘이 움직여질까요?
하나님 아무 말씀 없으시더니 내 작은 손을 움직이셨다.
하늘을 날아다니는 무우껍질 피터팬 !

사무실로 스며든 저녁 햇살 속에서
딸기 꽁다리, 호두 속살 칸막이 부스러기까지 함께 모여
무우껍질 피터팬이 춤추었다. 괜찮아 ! 힘내 ! 다시 시작하면 돼 !
내 몸은 죽었지만 내 영혼을 다시 살아났어.
내 영혼이 살아나면 내 생명 부활하고 내 몸도 살아나지.
힘내라, 힘내. 모든 속박 이겨 내고 다시 시작해. 우리 함께!
욕심의 껍질은 내려놓고 새 노래로 춤추자.

힘내세요

밥 먹고 살기 힘들어,
월세단칸방 지겨워.
빚 갚아야 하는데
그러니까 병이 나지.
부모 잘 못 만나 빈곤하면
배움이 부족하여
가방끈도 짧아 제대로 된
일자리도 없어.
어두운 ㅂ 동서남북
사방팔방 다 막혀
사방에 우겨쌈 당해도

ㅁ 네모 어둠 빈곤 속에 갇혀 고개 숙이고 힘들어하지 마시고
하늘을 바라보면 살아갈 길 있죠.
하늘은 스스로 돕는 자를 돕거 든요.

위로 올라오세요, 하늘희망을 바라보고
한칸 만 영차영차 올라오시고 희망이라는 밧줄 꼬옥 잡으시고
생명사다리 희망사다리 찾아가는 사례관리하면 곧 좋은 일이 생겨요.

새 힘 얻어 만세 만만세 나는 어두운 ㅂ이 아니라
밝은ㅂ이 되어 긍정적 에너지 팍팍 쏟아 내면
나도 빛의 자녀로 살게 되지.
호랑이에게 쫓기던 오누이가
하늘에서 내려오는 밧줄을 타고 올라가 해님 달님 되어
온 세상 환하게 비추는 빛이 된 것처럼
우리도 이 어두운 맘 훌훌 털어내고
빛이 되어 우리 함께 복 받고 살아요.

빈곤퇴치하며 빈곤과 맞싸워 이길 힘이 생기면
세상에 무서울 것 하나도 없어요.
만세! 만만세! 난 할 수 있다! 아직은 살아있으니까!

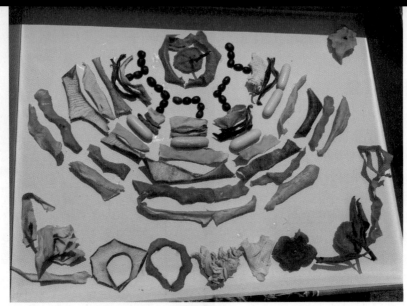

빈나2020

살인, 강도, 강간, 방화 등 강력 범죄자 69%가 빈곤층
우울증 치료 중 고교 중퇴생이 초등학교 교실에서 흉기를 휘두르고
오랫동안 우울증과 과대망상에 시달려 온 61살 김씨 아저씨
서울 세종로 정부중앙청사에 들어가 불 지른 뒤 투신자살했다.
요양기관의 우울증 진료건수도 2012년 344만 건으로 38.9% 증가했다.
강력 사건 범죄 중 정신질환 범죄도 10년 새 3배나 늘었다.
우울증을 앓고 있는 정신질환자들의 '묻지마' 강력범죄가 급증하니
정부 차원 예방대책 시급하다.
2011년 9월 유엔아동권리위원회에서
대한민국 내 전반적인 아동정신건강상태가 악화되었고,
아동, 특히 여아의 우울증 비율과 자살률이 증가해 왔다는 점을 우려한다.
아동 우울증 및 자살 근본 원인에 대한 철저한 조사에 기반을 두어
아동정신건강관리 정책을 개발하도록 촉구하였다.

함께해요 생명사다리 운동

여기 가운데는요.
생명수가 우리 안에 흘러 넘쳐야 하는데
그 가운데 미워하는 마음으로 칼로 막 찌르고 죽이잖아요.
이것들을 해결해 가자 플라스틱 제품의
건조한 인스턴트적인 사고가 아니라
조금 느리게 가더라도 같이 가자 함께 나누고 먹자는 것이고요.

포크같이 서로 찔러 우리 아이들의 삶 가운데 찌르고 찔리고
상처받고 외로워하는 영혼이 없도록
정확하게 길을 걸어가는 데 안내가 되는 것처럼
생명사다리 죽어져 가는 영혼들의 나침반이 되어
우리 아이들에게 우리의 따뜻한 마음과 사랑을 전하고

밥이 없어서 배고픈 아이들 숟가락으로
빈곤아동 결식아동 없는 나라 2020년까지 만들고.
힘들어하며 흘린 눈물 닦아 주는 휴지같은 생명사다리

고통스러운 이들과 함께 하는 가시면류관
고난 가운데 위기와 기회를 생명으로 나누어
고난의 누에꼬치 고난의 터널에서 벗어나
푸른 하늘에서 구름을 바라 보면서 훨훨 하늘 향해 날아오르리

생명사다리 범국민 운동 캠페인은
우리 모두가 생명을 소중하게 여기고
누구를 죽이고 미워하는 것이 아니라
생명을 소중하게 여겨서 생명사다리 희망사다리 타고
생명을 기쁘게 누리면서 함께 나아가며 더불어 기쁘게 살자는 것!
지금 바로 여기에서 내가 시작하는 것 !
힘겨운 아이들과 이웃에게 손 내밀어 잡아 주는 것 !

쓰레기가 나를 살렸습니다

　35년간 빈곤아동 청소년과 함께 살다가 하나님께서 큰소명을 주시며 좌로나 우로나 치우치지 말고 벧세메스로 가라고 하신 명령에 순종하여 1986년 창립하고 22년간 섬겼던 부스러기사랑나눔회 이사장을 사임하고 국회의원이 되었을 때는 처음해보는 일이라 암담하였습니다. 그러나 하나님께서는 부족한 저를 택하여 국회에 파송하시고 1000일 동안 국회골방기도실에서 4년간 월요일~금요일은 매일 기도하게 하시고 말씀을 더 깊이 묵상하게 하셨고 오히려 생각을 넓혀서 빈곤가족과 노숙인 알콜중독자와 비닐하우스 문제 등 빈곤정책과 입법과 예산에 대해서 더욱 책임지도록 하였습니다

　지난 4년 동안은 저의 평생에 가장 큰 고난과 위기여서 잠도 제대로 못자고 열심히 의정활동을 하여 덕분에 위장병이 다시 도져 임기가 끝난 후 몹시 아팠습니다. 몸도 마음도 아파서 찾아 온 우울증은 2011년에 14,506명이 자살하였다는 통계청 발표로 더 깊어졌습니다. 매일 온 나라에서 들려오는 중고생들의 자살 소식에 지난 4년 동안 무엇을 하였는가? 왜 청소년 자살을 예방하는 지지체계를 만들지 못하고 국회의원 활동을 열심히 하였다고 하는가?

　엄마들이 생활고 때문에 자녀들을 죽이고 버리는데 빈곤퇴치를 위한 활동을 어떻게 하였기에 아직도 이러한 일들이 발생하는가?

부끄러움과 자책감에 힘들었습니다.

　그래서 2012년 연말에 자살을 예방하는 빈곤지역의 지원체계 확보를 위해 17회에 걸쳐 찾아가는 사례관리 워크숍을 전국을 누비고 다니며 하였습니다. 빈곤아동 청소년을 엄마처럼 아빠처럼 잘 보살피고 가르치고 지원하는 지역아동센터 460명 사회복지사들을 만나면서 그분들의 수고와 열정과 열악한 근무환경에 또 한번 좌절하였습니다.

　도대체 4년 동안 열심히 입법과 예산지원을 하였지만 열악한 빈곤상황은 토끼처럼 빠르게 증가하고 국가지원과 사회복지체계는 거북이처럼 확대되니 한 달에 120만 원 겨우 받고 지역아동센터에서 죽도록 일하다 병들어 죽기도 하고 자녀까지도 자살하였다는 피눈물나는 보고를 받고 저도 지치고 한계의 벼랑끝에서 뛰어내려서 우주공간으로 날아가고 싶었습니다.

　사랑하는 남편과 다섯명의 손자들을 위해 마무리기도를 하다가 회개하고 정신을 차리게 될 때 제 눈앞에는 지난 4년 동안 언젠가는 쓰레기를 재활용하여 멋진 작품을 만들 것이라고 혼자 다짐하면서 침대 아래 앞뒤 베란다에 꽁꽁 감추어 둔 생활쓰레기들이 보였습니다. 여러종류의 단단하고 예쁜 종이 상자곽, 바지락 조개껍질, 홍합 껍질, 시간이 없어서 미쳐 먹지 못하고 냉동실에 넣어둔 구기차, 대추, 영지버섯…

　　우리나라 자살자가 늘어나 OECD국가 중 8년 동안 자살 1위 자리를 지키는 자살공화국의 오명을 벗기 위해 국회와 민간단체의 적극적인 노력과 예방이 필요합니다. 그래서 생명사다리 희망사다리 운동을 사단법인 세계빈곤퇴치회에서 시작하기로 결심하였습니다. 사단법인 세계빈곤퇴치회는 2012년 6월에 발족하여 지금은 걸음마 단계이지만 생명사다리운동을 시작하면서 더 많이 확산되도록 작품 전시회를 준비하게 되어 50점 넘게 만들었습니다.

　　포장상자 앞면만 60년을 보고 살았지만 우리나라 포장상자의 뒷면이 그리도 아름다운지 몰랐는데 이번에 알게 되었습니다. 습관적으로 뒷면을 들여다 보니 사람들과의 관계에도 더 꼼꼼하게 뒷면의 아픔도 들여다 보기 시작했습니다. 뿐만 아니라 귤, 사과, 바나나, 감, 무, 감자 껍질이 나오기가 무섭게 쓰레기통에 버렸던 음식물 쓰레기도 신문지 위에 말리면서 하루하루 기대감이 높아졌습니다.

　　어떤 모양으로 말려져서 어떻게 나에게 말을 걸어올까, 무얼 만들어서 생명을 살리는 데 사용할 수 있을까? 생각은 더 깊어졌고 말라비틀어져 이미 목숨이 끝난 쓰레기들이 말을 하면서 나에게 기쁨을 나누어 주었습니다.

　　우울한 날보다 내일을 기다리며 막혔던 담이 무너지고 사는 재미도 늘어났습니다. 최근 엄청한 회오리바람 속에 납득할 수 없는 일을 당하여 잠시 머뭇거리는 나를 쓰레기들이 살린 것입니다. 세계빈곤퇴치회 사무실에 전시된 작품들을 보고 자살하고 싶다는 여고생과 엄마가 감동을 받아 쓰레기도 예술이 되어 마지막으로 생명을 살리는 말을 하는데 나도 다시 시작하겠다고 하여 용기도 얻었습니다. 그래서 다른 사람들도 살려 내야 하니 오늘도 열심히 뛰고 있습니다.

　　세계빈곤퇴치회와 함께 생명사다리를 내밀기만 하면 한 사람씩 살려 낼 수 있습니다. 손 내밀어 잡아 주면 아이들은 함께 살려 낼 수 있습니다. 대한민국에서 시작된 생명사다리운동이 2020년까지 까만나라 하얀나라 노란나라 초록나라 온 세상까지 아시아 아프리카까지 생명수샘물 물결을 타고 앞표지 장면처럼 퍼져 나갈 것입니다.

　　오늘 하루도 생명나눔의 기쁨의 새 물결이 온 세상에 넘쳐나기를 생명부활의 날에 기원합니다.

2013. 4. 1.
세계빈곤퇴치회 이사장 강 명 순

공동체 정신을 되살려야

우리의 희망인 아이들이 아픕니다. 학교폭력과 왕따 때문에, 숨 막히는 경쟁 때문에, 혹은 배고픔과 가정불화 때문에 너무 힘듭니다.

얼마 전에도 경산의 고등학생이 학교폭력을 견디다 못해 자살을 선택했습니다. 우리 청소년들의 사망원인 1위가 사고나 질병이 아닌 '자살'이라는 것이 한국의 슬픈 현실입니다. 2011년 한 해만도 373명의 청소년이 소중한 생명을 스스로 버렸습니다. 아이들을 위해, 우리의 미래를 위해 결코 이대로 둘 수 없는 일입니다.

여기 지난 40여 년 세월 빈곤과 아동·청소년·여성문제 해결에 앞장서 온 분이 있습니다. 18대 국회에서는 의정활동을 통해 더욱 열정적인 빈곤퇴치 운동을 펼쳤습니다. 바로 이 책의 저자인 강명순 이사장입니다. 저는 강명순 이사장님을 뵐 때마다 '보석 같은 사람'이라는 생각을 했습니다. 참된 정치는 강자보다는 약자를, 부유층보다는 중간층 이하를 위해 힘을 쓰는 것이고, 이 분이야말로 그런 정치를 온몸으로 실천하는 분이기 때문입니다.

국회와 판자촌이란 전혀 다른 두 현장에서 오직 사람을 사랑하는 한마음으로 뛰어오신 강 이사장님께 무한한 존경과 감사의 말씀을 드립니다. 평소에 저는 우리나라가 진정한 의미의 복지선진국이 되기 위해서는 '공동체 정신'을 되살려야 한다는 믿음을 갖고 있습니다. 우리 이웃이 어려움 없이 편해야 모두가 함께 잘 살 수 있는 것입니다.

이 책을 관통하는 저자의 생각도 저와 같다고 느낍니다. 빈곤아동, 결식아동에게 손을 내밀고 힘겨운 이웃들에게 생명사다리를 내려 주는 일, 그것이야말로 우리 사회를 '희망의 공동체'로 만드는 최선의 길입니다.

국회 골방기도회 1200일과 생명사다리캠페인 발대식을 기념해 출판되는 이 책이 많은 이들에게 감동을 주기를 바라며, 이를 통해 '생명사다리 운동'이 우리 사회 전반에 더욱 확산되기를 기대합니다.

2013. 4. 1.
정 의 화 국회의원(세계빈곤퇴치회 고문)

보잘 것 없는 일상의 쓰레기에 생명을 부여하여

안녕하십니까, 국회의원 정병국입니다.
먼저 강명순 이사장님의 생명에 대한 사랑과 애정이 담긴 저서
『생명사다리-쓰레기가 말하다』의 출간을 진심으로 축하드립니다.
이번에 출간된 『생명사다리-쓰레기가 말하다』에는 강명순 이사장님의 생명사랑에
대한 숭고한 정신이 고스란히 담겨 있습니다.
보잘 것 없는 일상의 쓰레기에 생명를 부여하여 새로운 업 사이클링 아트(Upcycling
Art)로 승화시킨 하나하나의 작품들은 지금 우리사회에 큰 의미를 시사하고 있습니
다.

자살공화국, 버려지는 생명들 씻을 수 없는 대한민국의 오명이자 우리가 함께 해결
해야 하는 과제입니다. 지금 이 순간에도 사회로부터, 부모로부터 그리고 스스로로
부터 버려졌다고 생각하는 많은 생명들이 자살을 생각하고 있습니다.
그리고 하루 43명의 사람들이 자살로 생을 마감하고 있습니다.
이러한 우리의 이웃들에게 다시금 삶의 희망으로 이어줄 생명사다리가 필요합니다.

강명순 이사장님께서 버려진 쓰레기들에 새로운 의미와 예술이라는 생명을 부여하
신 것처럼 우리도 사회와 이웃을 되살리는 생명사다리가 되어야 합니다.

그런 의미에서 이 책은 너무나도 소중한 의미를 가집니다.
쓰레기로 만들어진 한 작품 한 작품에 담겨진 의미와 글들에는
버려진 것들을 다시 살려 내는 마법과 같은 주문이 들어 있습니다.

다시 한 번 『생명사다리-쓰레기가 말하다』의 출간을 진심으로
축하드리며 강명순 이사장님의 노고에 깊은 감사를 전해드립니다.
감사합니다.

2013. 4. 1.
정 병 국 국회의원 (세계빈곤퇴치회 고문)

독창적인 작품들

봄이 왔습니다.
하나님의 섭리대로 동장군이 물러나고
봄바람이 살랑살랑 불기 시작했습니다.
이 봄, 어여쁜 꽃들과 함께 강명순 목사님의 독창적인 작품을 감상할 수 있게 되어
진심으로 기쁩니다.

몸을 던져 아이들의 자살을 예방하는 운동과, 세계 어린이들의 빈곤 퇴치에 앞장서
시는 강명순 목사님의 왕성한 활동에 큰 존경을 표합니다.
제가 '세계빈곤퇴치회'의 이사직을 수락한 것도, 또한 국회 골방기도회 골방지기를
자원한 것도, 평소 강목사님의 그러한 신념에 동감해 왔기 때문입니다.

목사님처럼 천진난만하기만 한 작품들을 하나씩 보고 있노라면 그 속에서 아이들
의 자살률이 갈수록 높아져가고 있는 현실에 대한 목사님의 안타까운 마음도 엿보
입니다. 저 또한 그것을 보면서 마음이 저려옵니다.

아무쪼록
이번 전시회로 많은 분들이 새로운 작품 세계도 감상하시고,
아울러 우리가 모르는 새 왕따와 우울증에
고통 받고 있는 아이들에게 더 큰 관심을 가지시길 바랍니다.

끝으로 작품집 발간을 위해 음으로 양으로 지원해 주시고
수고해 주신 모든 관계자 여러분께 격려의 박수를 보냅니다.

2013. 4. 1.
김 용 태 국회의원 (세계빈곤퇴치회 이사)

삶의 용기를 주는 쓰레기

언제부터인가 우리 집에서는 각종선물세트에 사용되었던 포장지나 박스 그리고 사용하고 남은 폐품 등 각종 쓰레기들을 버리지 않고 모아 두기 시작하였다. 쓰레기들을 오랫동안 버리지 않고 모아들여서 쌓여만 가는 쓰레기들로 인하여 집안이 온통 쓰레기 처리장 같은 분위기가 만들어졌다.

나는 온갖 쓰레기들에 신경이 써져서 집안 청소를 하고 쓰레기들을 정리하여 버리고 싶어서 아내에게 말 한마디 건네면 그때마다 되돌아 오는 말은 나중에 시간이 허락될 때 작품(?)을 만들 소재로 사용할 것이니 기다려 달라는 답변이었다.

그런데 어느 날 아내가 작업(?)을 시작하였다. 그동안 쌓아 놓았던 모든 쓰레기들이 재료(?)로 사용되 작품이 만들어져 갔다.

그래서 탄생된 작품이 "생명사다리"다.

또한 아내가 음식을 조리하기 위해서 재료들을 사용한 후에 음식물 쓰레기를 버리지 않고 건조하여 말리는 모습을 보았으나 무심코 지나쳤다.

그리하여 집안 여기 저기에 음식물 쓰레기 말린 것들이 쌓여 갔다. 음식물 쓰레기를 버리지 않고 모아 두는 것이 궁금하였다. 얼마 후 아내는 말려 놓았던 음식물 쓰레기를 이용하여 새로운 작품을 만들기 시작하였다.

아무 쓸모 없고 버려진 음식물 쓰레기에 생명을 불어 넣기 시작하였다.

그리하여 만들어 지고 창작한 것에 그녀의 생각을 불어 놓고 글을 써서 단행본으로 출판할 수 있게 된 것이다.

이 작품이 탄생하게 된 것은 결코 우연이 아니라는 생각이 든다.

그녀가 하나님의 형상대로 지음 받은 사람의 생명들이 한 해에 자살로 1만5천명씩이나 죽어가는 현실을 아파하면서 그들에게 무엇인가 희망을 주고 싶은 마음의 표현이라고 생각이 든다.

천하보다 귀한 생명을 지키고 살리는 일보다 더욱 귀중한 것이 무엇이랴

쓸모없는 것 같은 쓰레기도 생명을 살리는 데 사용할 수 있다면 하물며 사람의 생명을 살리는 일을 위해서라면 기꺼이 쓰임 받기를 원하는 마음이 작품과 쓰여진 글

속에 녹아 있음을 느낄 수 있었다.

이 작품을 보고 글을 읽는 이들이 삶의 용기를 얻기를 바란다.

나아가서 생명사다리운동이 지속되어 2005년부터 강명순목사가 시작한 빈나 2020년운동으로 연결되기를 소망한다.

빈나2020운동은 2020년까지 빈곤아동 결식아동 한 명도 없는 나라를 만드는 것이다. 자살문제와 빈곤문제를 해결하는 것이 우리 부부의 삶의 과제이기도 하고 우리나라의 최고 우선 정책과제이다.

2013. 4. 1.
정 명 기 목사(신나는 조합 이사장)

여기에 있는 사진들을 보면서 함께 웃고 울었다.

어머나! 어머나! 짝짝짝 박수치며
아유, 감사합니다.
하나님, 이것 좀 보세요.
하나님, 이거 왜 이렇게 만드셨죠?
내내 깔깔 웃으며 손뼉치며
하나님 어린 딸로서
누리는 천진성을 하염없이 즐기면서
분주히 오가는 모습.
그 광경이 눈에 선하다.
이 분의 특기인
만년소녀 웃음소리도 들린다.

생활 속에 버려지는 과일 껍질 한 조각,
녹차 부스러기를 통해서도
하나님은 사랑하는 딸 강명순 목사에게
보여 주시고 들려주신다.
아이들을 사랑하시되 끝까지 사랑하시는 그 사랑을...

딸 강명순: 아버지, 이것 좀 보세요! 귤껍질이 하트가 되었어요.

아버지 하나님: 딸아. 또 그 곁에 있는 마른 무청에 담은
　　　　　　　내 목소리 들리니?

별난 부녀의 공동 작품은 지금도 진행형이다…….

2013. 4. 1.
KBS기독신우회장 김 영 미

● 편저자 소개

강명순(Kang Myung Soon)

52년생, 이화여자대학교 사범대학 졸업
감리교 신학대학원, 강남대학교 사회복지대학원
기비국제대학 대학원 사회복지학 박사 Ph.D.

사당동 빈민지역 희망유치원 원장(1975)
부스러기선교회 창립 회장 및 총무(1986)
빈민여성 교육 선교원 원장(1990)
먹거리나누기운동협의회 공동대표(1999~)
신나는조합 창립 및 조합장(2000)
사단법인 부스러기사랑나눔회 상임이사 및 대표(2001) 이사장(2013~)
빈나 2020 운동 대표 디딤돌(2005)
제18대 국회의원(2008~2012)
사단법인 세계빈곤퇴치회 이사장 역임

현 사단법인 세계빈곤퇴치회 이사
    생명사랑 생명나눔 생명사다리 운동 창립
    Up Cycling Healing Artist
    마음놀이 생각놀이 워크숍 60회 개최(2014)

〈저 서〉
빈민여성 빈민아동(1985)
하나님 사랑 이웃 사랑(1996)
호박넝쿨의 기적(1998)
하룻밤만 재워주세요(2000)
부스러기가 꽃이 되다(2005)
국회 골방기도회 예배자료집 20권
생명사다리 업 싸이클링 아트 작품집(7권) 외 다수

〈논 문〉
결손 빈곤가정의 교육선교(1996)
빈곤해체가정 아동의 변화 및 사회복지 통합적인 접근 연구(2000)
한국의 빈곤아동과 지역아동센터 법제화에 관한 이론과 실천(2007)
빈곤퇴치와 생활고 비관 자살자를 위한 복지대책(2014) 외 다수

마음놀이 생각놀이 함께하기

업 싸이클링 힐링 아트 함께하기
Up Cycling Healing Art Manual

2016년 4월 15일 1판 1쇄 인쇄
2016년 4월 25일 1판 1쇄 발행

엮은이 • 강명순
펴낸이 • 김진환
펴낸곳 • (주) **학지사**
          04031 서울특별시 마포구 양화로 15길 20 마인드월드빌딩
대표전화 • 02)330-5114   팩스 • 02)324-2345
등록번호 • 제313-2006-000265호

홈페이지 • http://www.hakjisa.co.kr
페이스북 • https://www.facebook.com/hakjisabook

ISBN 978-89-997-0874-9 93180

정가 15,000원

이 도서의 국립중앙도서관 출판시도서목록(CIP)은 서지정보유통지
원시스템 홈페이지(http://seoji.nl.go.kr)와 국가자료공동목록시스템
(http://www.nl.go.kr/kolisnet)에서 이용하실 수 있습니다.
(CIP 제어번호: CIP2016006863)

교육문화출판미디어그룹 학지사

심리검사연구소 **인싸이트** www.inpsyt.co.kr
원격교육연수원 **카운피아** www.counpia.com
학술논문서비스 **뉴논문** www.newnonmun.com

생명존중 생명나눔 생명사다리 1-16호